パーフェクトレッスンブック

ーボール
と戦術

井上和昭 監修
（神奈川県立大和南高校 女子バレーボール部監督）

PERFECT LESSON BOOK

はじめに

心理ゲームに打ち勝つ！
実戦を想定した技術や練習法

バレーボールの試合というものは、なかなか教科書通りにはいかないものです。きれいに点数を取るだけでは勝てませんから、選手一人一人がどうしたら点が取れるのか考え、何か工夫をこらし泥臭く1点を取りにいくということが必要です。

　この本では、基本的なプレーだけでなく、『実戦で活きる』『勝負の場で得点につながる』という視点に立った、試合で役立つウラ技や実戦を想定した練習法などを紹介しています。

　バレーボールはネットを挟んだ心理ゲームですから、我慢強く耐える時間帯と、攻める時間帯があります。そのギアチェンジをうまくできるチームが強いチームです。この本で紹介したプレーが、そのギアチェンジにつながる大事な1点を取るヒントになればと思っています。

15
10
大和南
2
大和南
3
大和南
13

Lesson 4
Attack

Lesson 5
Block

Lesson 6
Toss

CONTENTS

目 次

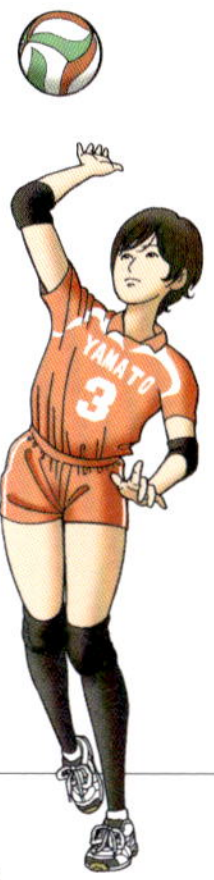

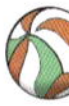

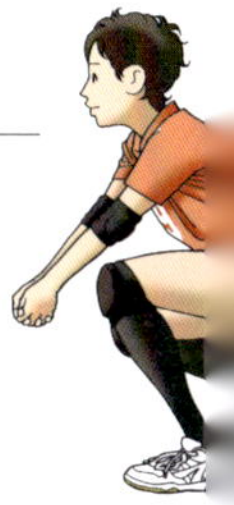

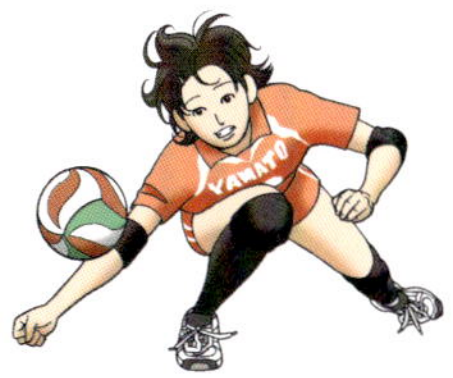

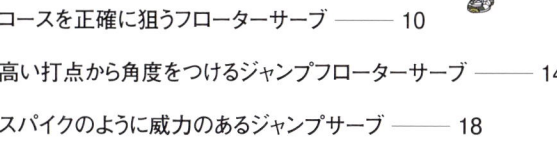

[ディグ練習]

[総合練習]

Lesson 8

Formation

Lesson 7

Practice

Lesson 9

Physical Training

フィジカルトレーニング —— 177

Lesson 10

Coaching

指導 —— 193

◎本書では、右利きのプレーを基本に解説しています。

Lesson 1

Serve

サーブ

コースを正確に狙う フローターサーブ

「バレーボールはサーブに始まりサーブに終わる」と言われるほど、サーブは試合の流れを左右する重要なプレーです。そのサーブの基本となるのがフローターサーブ。コースを正確に狙いやすいのが利点で、低い軌道を描くほど相手のミスを誘いやすく有効です。

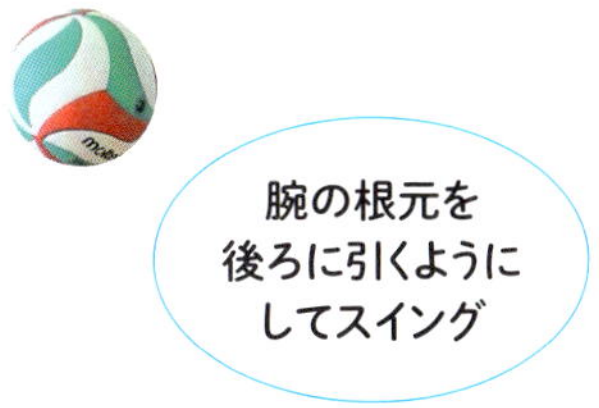
腕の根元を
後ろに引くように
してスイング

4
5
打った後に
少し前に歩く
イメージで
体重移動する
6

ぐんぐん上達!ワンポイント

人差し指を
中心線に
合わせるように
ボールを
インパクト

Point 1

ボールの芯をしっかりとらえる!

狙ったコースに正確に打つには、手のひらの硬い部分でボールの芯をしっかりととらえることが大切です。正確なトスを上げてボールに力を伝えられるように、壁に向かってボールを打つ練習を繰り返しましょう。

Point 2

相手が嫌がるところを狙う!

相手がレセプションしづらい場所を狙うのが、サーブの戦術の基本。有効なのは選手の肩口です。相手選手の肩付近に速いボールを差し込むのが理想的。時にはコート前方を狙ったり、緩急をつけて相手を揺さぶりましょう。

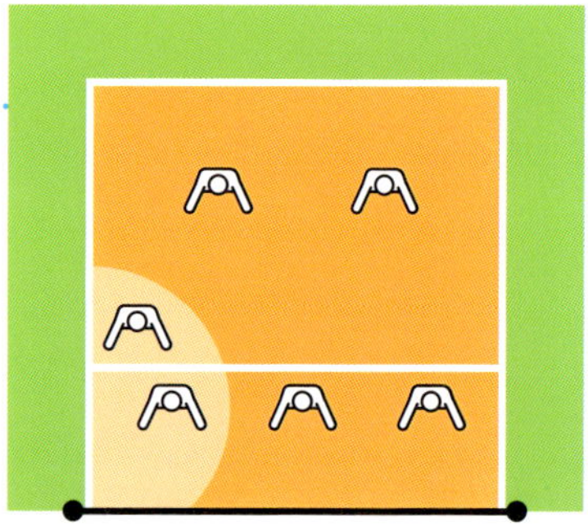

セッターが構えている付近を狙う

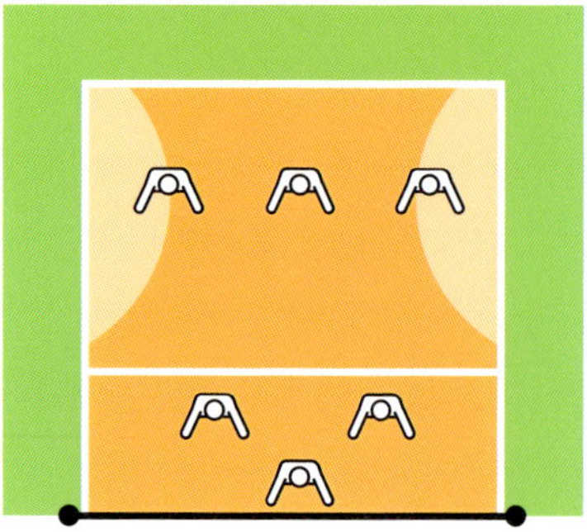

相手選手の肩口を狙う

実戦で役立つ!アドバイス

Advice 1

ボールのとらえ方で変化は自在

前方に落ちるボールのとらえ方

カーブするボールのとらえ方

ボールを様々に変化させることで、より相手を崩しやすくなります。「ボールのどこをとらえると、どう変化するのか」を把握しましょう。下部分をこするとコート前方で落ち、側面を打つと横にカーブします。サーブは練習次第で技が広がります。

Advice 2

相手のミスを誘いやすいロングサーブ

エンドラインの広いコートではロングサーブも有効です。エンドラインの後ろのフェンスギリギリに立って、そこから山なりのサーブを打つと、普通のフローターサーブよりも変化が大きく、相手のミスを誘いやすくなります。

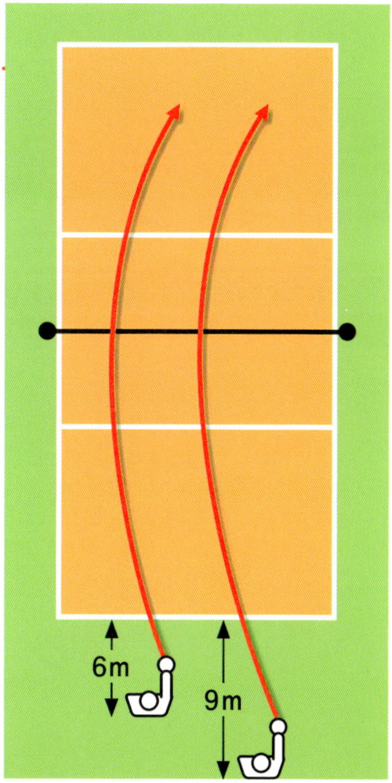

コート外の幅は体育館によって
違うので必ず確認しよう

高い打点から角度をつける ジャンプフローターサーブ

ジャンプフローターサーブは、助走をつけてジャンプすることで高い位置からスピードのあるサーブを打つことができます。ボールを手に持って助走し、ジャンプする瞬間にトスを上げます。ボールをしっかりとらえて体重が乗るように打ちましょう。

ぐんぐん上達！ワンポイント

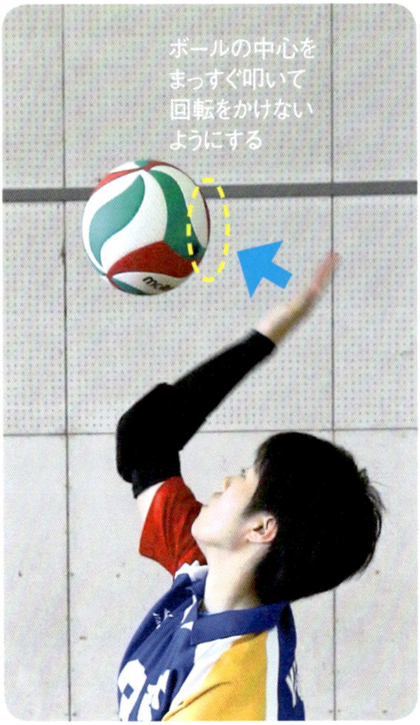
ボールの中心を
まっすぐ叩いて
回転をかけない
ようにする

Point 1

変化しやすい無回転サーブを身に付けよう！

ボールに回転をかけないように打つとサーブは変化しやすく、相手のミスを誘いやすくなります。ボールをインパクトする際にどうしても回転がかかってしまう人は、手首を固定してボールの中心を打つと無回転になりやすいので練習しましょう。

Point 2

両手でトスを上げて両足で踏み切る！

片足踏切はタイミングがとりづらいという人は、両手でトスを上げてまっすぐ助走に入る両足踏切で打ってみましょう。一つのサーブを練習するのではなく、いろんなサーブにチャレンジして、自分に合ったものを見つけましょう。

南！
両足で踏み切り、空中のボールに合わせてスイング

南！
前方に向かって両手でトスを上げる

実戦で役立つ!アドバイス

右太腿を体に引きつけるようにジャンプすると高い打点を維持できる

Advice 1

角度のある直線的なサーブを打とう!

サーブを受ける相手のレセプション側から見れば、山なりで緩やかな軌道のサーブは非常に取りやすく、直線的な軌道の速いサーブは取りづらいもの。高い打点からネットの上ギリギリを通って落ちていくサーブを身に付けましょう。

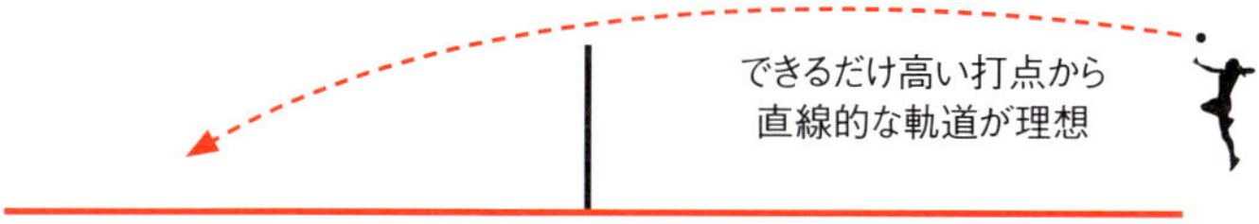
できるだけ高い打点から
直線的な軌道が理想

Advice 2

エンドラインの幅を有効に使おう!

ジャンプフローターサーブの助走はエンドラインに向かって斜めに切り込むので、エンドラインの幅を有効に使うことができます。いろいろな位置からサーブを仕掛けることで、相手は非常に嫌がります。チーム全員がどこからでも打てるようにバリエーションを増やしましょう。

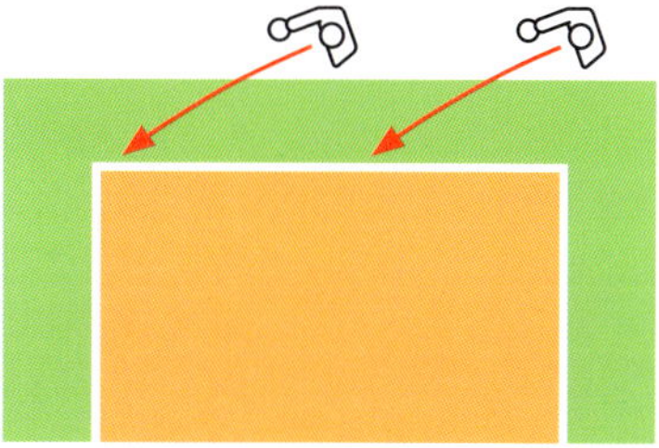

助走の開始位置や距離を工夫する

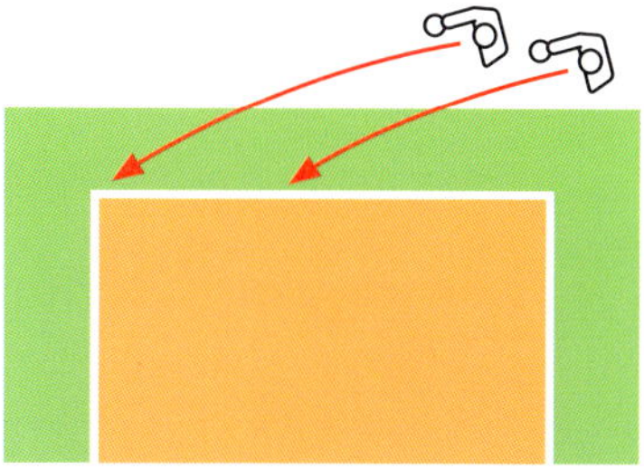

とくに助走の距離が長いと、サーブの軌道がわかりにくいという利点がある

スパイクのように威力のある ジャンプサーブ

ボールをよく見て
バックスイング
トスを上げてから
助走をスタート
ボールの下に
入り過ぎないように
踏み切ります
3
2
1

スパイクのような動作で打ち、ジャンプフローターサーブよりも高さと速さ、パワーが増すのがジャンプサーブ。しっかりとボールにミートするので狙ったコースに打ちやすいという利点もあります。体全体を使ってボールに力を伝え、思い切って打ちましょう。

ぐんぐん上達！ワンポイント

Point 1

トスに前回転をかけよう！

サーブのトスに前回転をかけると、打ったボールにも強い前回転がかかります。ジャンプサーブは高い打点から振り下ろされるため、前回転をつけるとアウトになりにくくなります。トスは高く上げ過ぎると落下速度が速くなり、合わせづらくなるので注意。

ボールを安定させた
状態で構える

手のひらを内側に向けるようにして手首にスナップを利かせる

Point 2

コートの中に着地するつもりで打つ！

威力のあるジャンプサーブを打ち込むには、できるだけ相手コートに近い位置で打つことが大事。トスを前方に上げてブロードしながらジャンプし、コートの中に着地する心づもりで思い切って打ちましょう。

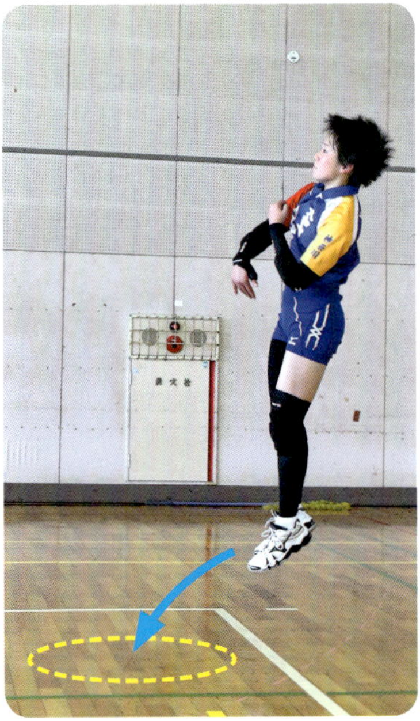

踏切の際は、ラインを踏まないように注意。ミートした後はコート内に入ってもよい

実戦で役立つ！アドバイス

Advice 1
8秒間を有効に使って相手を惑わそう！

8秒間の戦術例

- 相手のレセプションの布陣をしっかり確認して、狙いを定める
- 7秒目あたりにトスを上げて打つ。相手が構えた後、じらすのが目的
- 笛が鳴った直後にすばやく打つ。不意打ちを狙う。
- 毎回、サーブを打つタイミングを変える。相手に考えさせる。

サーブは、8秒間に一人で相手と駆け引きできるプレーです。相手が構えているところをじらしたり、逆に相手の準備が整わないうちにすばやく打つなど、状況を見てサーブを打つタイミングを工夫しましょう。

Advice 2
オリジナルのルーティンを作ろう！

試合でサーブミスをなくすためには、自分がベストな状態でサーブを打てる習慣を身に付けることが大切です。練習のときから自分なりのルーティーンを作っておき、試合では練習通りに打つことを心がけましょう。

ルーティンの主な例

- ベストな状態で打てるサーブの位置を決めておく
- サーブを打つ位置は、コートからの歩数を図って正確な目安を知っておく
- 構える前にボールを床についたり、ミートして手にボールを慣らす
- 打つ前に深呼吸を行い、時間をとる

実戦でためになる
コラム❶

狙いの正確性と種類で向上するサーブ効果率

サーブでレセプションを崩し効果率を上げるためのポイントは、9m×9mのコートをどれだけ有効に突くことができるか、です。サーバーは、エンドラインに立って相手コートを見た時にすばやくスペースを見つけたり、試合の中で狙うべき選手を見極める「目」が必要です。

またバレーボールは、コート外から指導者が指示を与えられる競技。その特性を活かして、指導者はコートエンドの近くから相手のレセプションフォーメーションを見て狙いどころを判断し、積極的に選手に伝えましょう。

サーバーは、得意なコースばかり狙うのではなく、普段からどの位置、どのコースにでも打てるように練習しましょう。そのためにはボールを無回転にしたり、回転をかけたり、多彩なミート方法を身に付けていくことも重要です。

サーブはチームのレベルに関係なく、個人で技術力を上げられるプレーです。サーブがよければ、格下のチームが強豪チームを倒してしまうこともあります。1人1人の努力と工夫が結果に直結しやすいプレーですから、集中力を持って練習に取り組みましょう。

Lesson 2

Reception

レセプション

低い姿勢をキープする
アンダーハンドレセプション

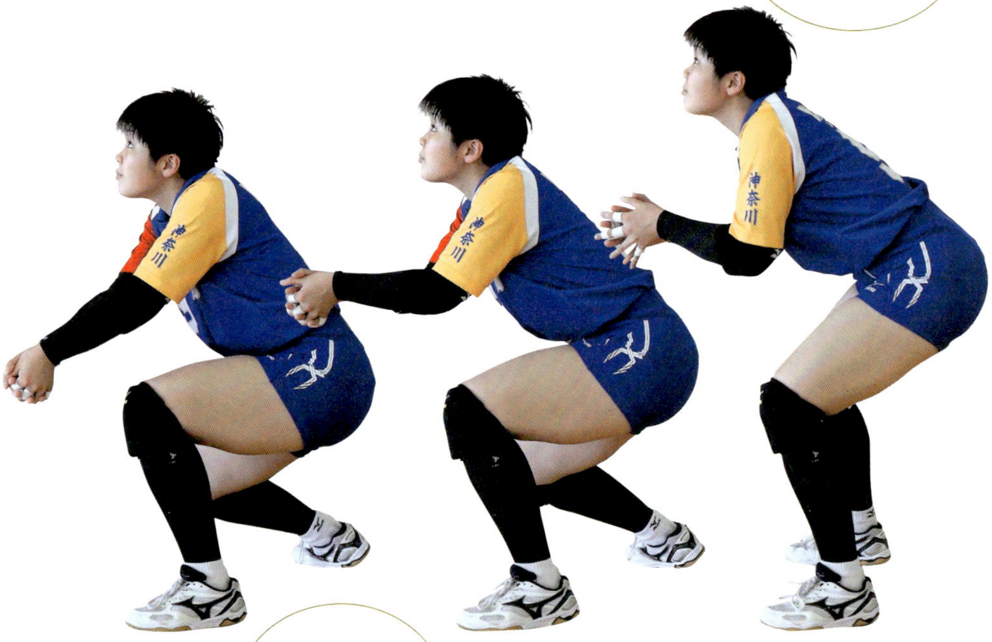

レセプションは自チームの攻撃の第一歩。正確なレセプションを返すことができれば、思い通りの攻撃をしやすくなります。サーブポイントを奪われると相手に流れが傾いてしまうので、まずはポイントを取られないことを第一に心がけましょう。

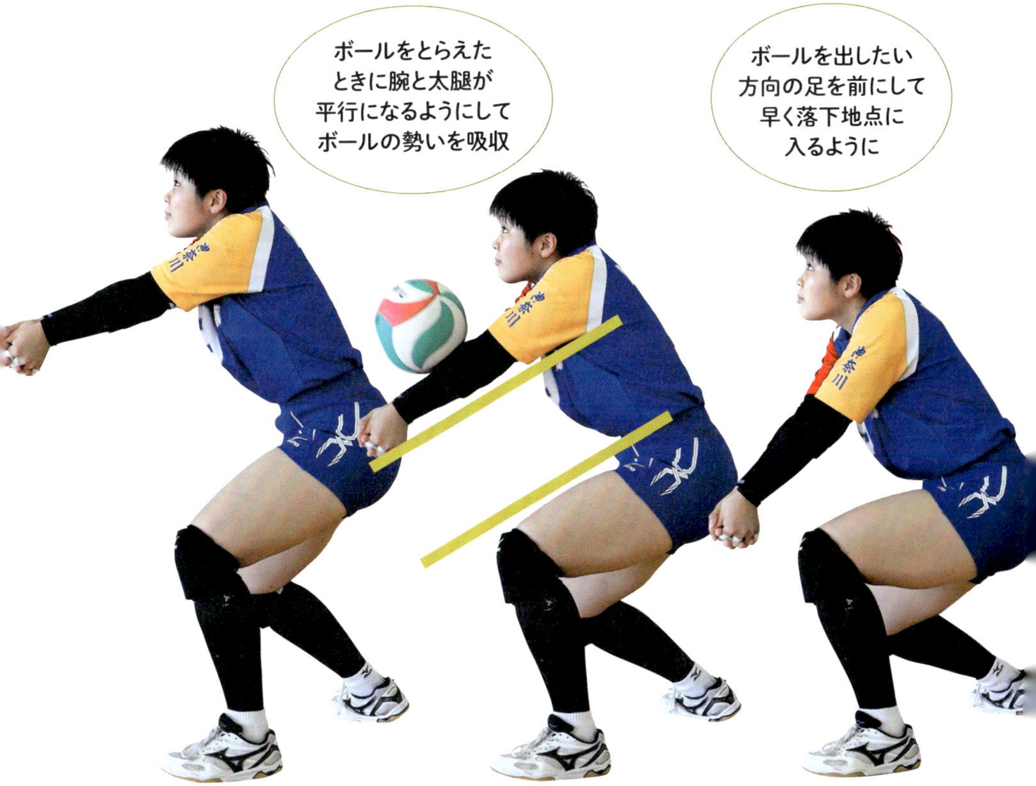

6　5　4

ぐんぐん上達！ワンポイント

Point 1
どんなボールでも面をセッターに向ける！

レセプションは腕で三角形の面を作り、ボールをとらえるときに腕の面をセッターの方に向けることが重要。低いボールに対しては膝をついてもいいので、どこにボールが来ても三角形の面を崩さないことがポイントです。

どんな位置でとらえても、必ず三角の面をセッターに向ける。セッターはその面の角度を見て、ボールの方向を予測しセッティングに入る

Point 2
目線を上下させずに移動する！

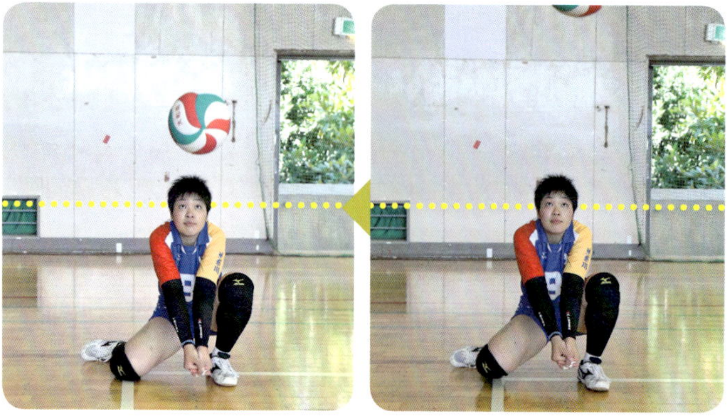

少しずつボールが近づいてきても、決して目線の高さは変えないのがポイント。
ボールが手元にくる最後の最後まで目を離さない

目線の高さが上下してしまうと、視界がぶれてしまい、ボールの位置を的確に把握できなくなるので注意しましょう。目の高さを一定に保ちながら、低い姿勢ですばやく移動することが、レセプションの上達の近道です。

実戦で役立つ！アドバイス

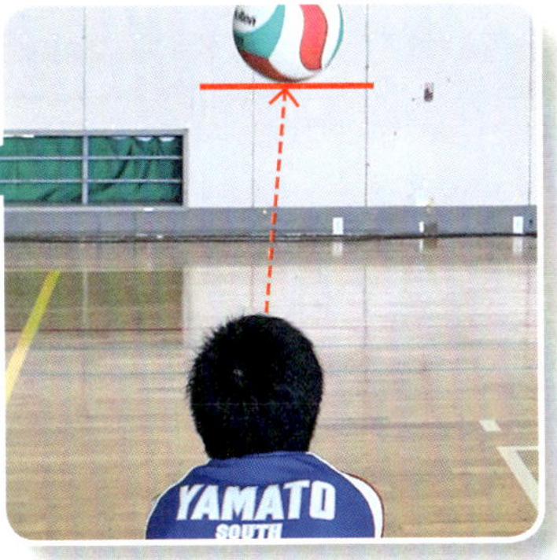

相手のサーブコースの予測がついたら、ボールの落下地点に移動。ボールの底を見つめながら低い姿勢をキープしよう

Advice 1

ボールの底を見て低い姿勢をキープ！

ボールを確実にとらえるために大切なことは、向かってくるボールの底を見ること。ボールの底は一番揺れが少ないので、ボールの変化に惑わされにくく、底を見ることで常に低い姿勢を保つことができます。

Advice 2

苦手意識を練習から取り除く！

レセプションはメンタルが影響しやすいので、苦手意識を持たないことが大事。難しいサーブが返せないからといって速いボールで練習するよりも、簡単なボールを正しい姿勢で返せるように練習。徐々にレベルを上げていきましょう。

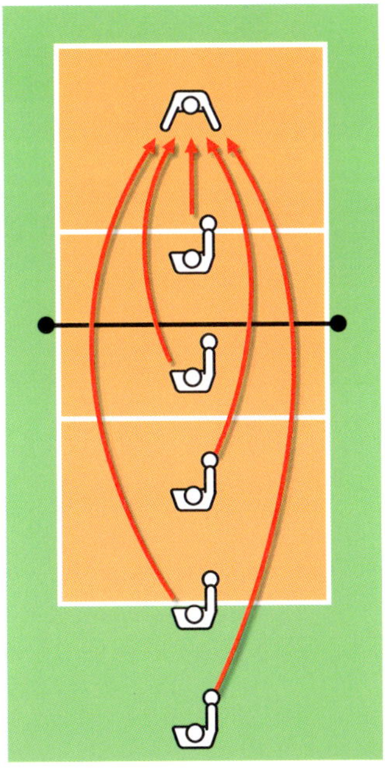

サーブとレセプションの距離を少しずつ離していく練習。サーブの練習にもなるので、サーバーはどこからでも狙えるように意識しよう

コート奥にきたボールは オーバーハンドでとらえる

3 2 1

コートの奥にきたサーブに対しては、オーバーハンドレセプションが有効。肩口など差し込まれないようにするためには、サーブの軌道をすばやく判断し、ボールの下に移動します。ボールを待つようにしてタイミングを合わせていきましょう。

6　5　4

ぐんぐん上達!ワンポイント

Point 1 鼻より上にきたボールをとらえる!

鼻よりも上のボールは
オーバーハンドで対応

鼻の位置を目安にしてアンダーハンドとオーバーハンドを使いわけましょう。鼻より上にきたサーブは、正面に入ってオーバーハンドでとらえます。サーブの軌道をいち早く判断してタイミングを合わせることが大切です。

Point 2 ボールをつかむようにして上げる!

両手をしっかりセッターに向けて力を放出

ボールをつかむようにして勢いを吸収

サーブの軌道に合わせてボールをとらえたら、肘を少し曲げて頭の前でボールをつかむようにします。このとき、肘が伸びきってしまうような高い位置でとらえたり、体が起き上がってしまうと、サーブの勢いに負けてしまうので注意が必要です。

実戦で役立つ!アドバイス

サイドの足を軸にして体を支えてボールをとらえる

Advice 1
顔の正面で確実にとらえる！

ボールを弾かずしっかりとらえるには、顔の正面でボールをとらえることが大事。サーブが右側にきた時は右足を一歩前に、左側にきた時は左足を一歩前に出し、ボールが顔の正面にくるように動きましょう。

Advice 2
守備が前後に広いときに用いる

一人一人の守備範囲が前後に広いスリーフラットの布陣(図)では、オーバーハンドレセプションが有効。アンダーハンドが得意な人は少し後方で構え、オーバーハンドが得意な人は前方寄りでポジショニングするといいでしょう。

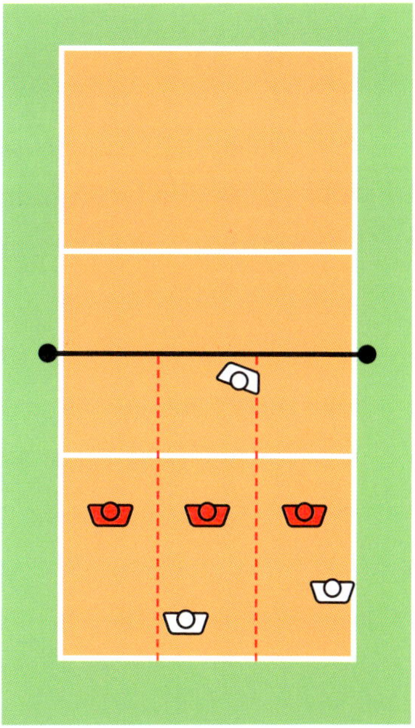

コートを縦に3分割するのがスリーフラットの布陣

レセプションを行う選手

実戦でためになる
コラム❷

難しいサーブに対して重圧を軽減するための準備

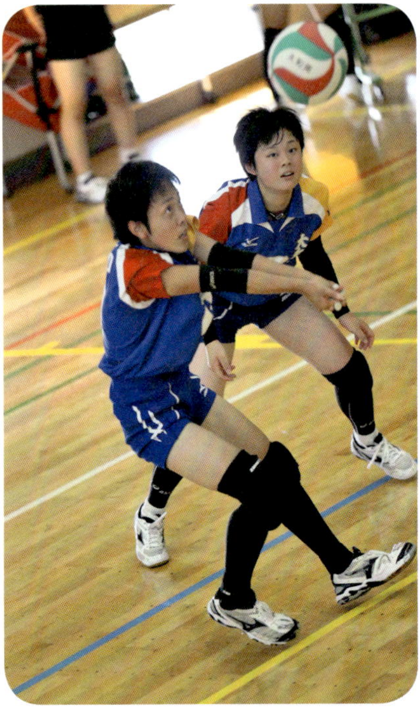

試合の主導権を握るカギがサーブなら、それを阻止するのがレセプション。つまりサーブとレセプションは表裏一体です。レセプションをする時には、自分がサーバーならどうするかを考えて準備を整えることが大切です。

例えばサーバーは、自分たちの速攻をつぶすために、ミドルブロッカーを狙ってネットの近くに落としてくることがあります。ミドルブロッカーはそれを想定したレセプション練習をしておかなければいけません。普段の練習では、自分たちが苦手だと思うことを徹底的に練習しておかなければ、実際の試合で遭遇した時に対応することができません。

レセプションはメンタルが影響しやすいプレーです。しっかり準備することによって、気持ちに余裕を持って構えることができます。そういう意味では、難しいサーブは「コートの上にあげられれば合格点」と考えることも必要。もちろん簡単なサーブはセッターのもとに送り出すことが望ましいですが、選手へのプレッシャーを軽減するためにも、サーブのレベルやケースバイケースで合格点のレベルを変えていく工夫を取り入れましょう。

Lesson 3
Dig
ディグ

実戦で多用する走り抜けレシーブを身に付ける

ボールの軌道を
確認しながら
落下地点へ
1
腰を上下させずに
一定のまま移動
2

ディグは攻められる立場から攻める立場に転じる１本目となる重要なプレーです。女子の小学生から高校生の試合では、強打よりもブロックをかわしてきたスパイクや、ワンタッチボールを取る場面が多いため、走りながらレシーブする方法を身に付けましょう。

返した後も
止まらず
走り抜けます

4

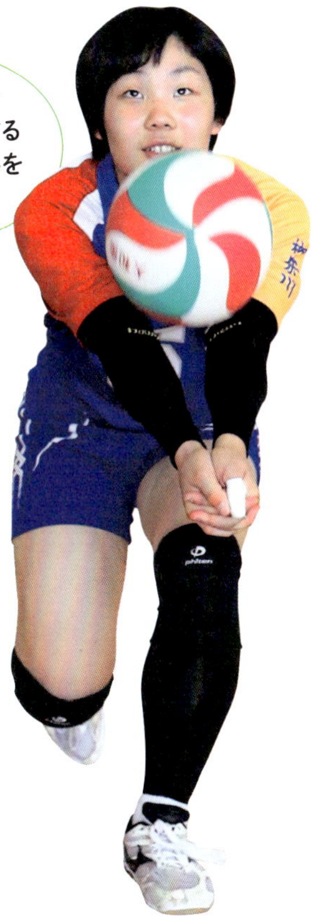
面の角度を
床と平行にする
意識でボールを
とらえます

3

ぐんぐん上達!ワンポイント

Point 1

上半身を起こした状態で移動する!

腰が曲がったり猫背になると面の角度が安定しないので注意

背筋を伸ばした状態で移動することで視野を広く保てる

腰から上体が前に折れて猫背になってしまうと、腕の面が下を向きボールを弾いてしまいます。背筋をまっすぐ伸ばして上半身を起こした状態でレシーブ。腰の位置を上下させずに、移動することが重要です。

Point 2

低いボールは膝を床にすべり込ませる!

腕の面を床と平行にしながら床上をすべる

膝ですべりながら着地しボールをすくい上げる

移動しながら低い位置でボールをとらえる

低い位置のボールを走り込んでレシーブするときは、ボールをすくい上げた後に膝を床にすべり込ませるレシーブが有効です。ネット際のボールは走り抜けるとセンターラインを越えてしまいますが、膝ですべり込めば、ラインを越えずに上げられます。

実戦で役立つ！アドバイス

Advice 1

ブロックがいないところをしっかりマークする！

アンテナとブロックの間、
クロスのワンタッチボール、
インナーをマーク

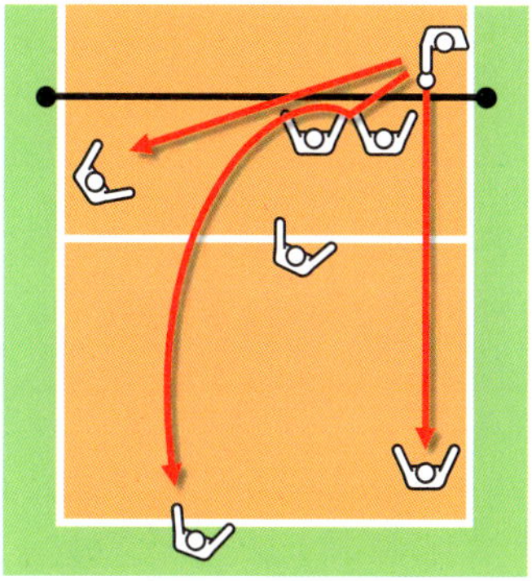

ブロックとブロックの間、
ストレートのワンタッチボール、
フェイントをマーク

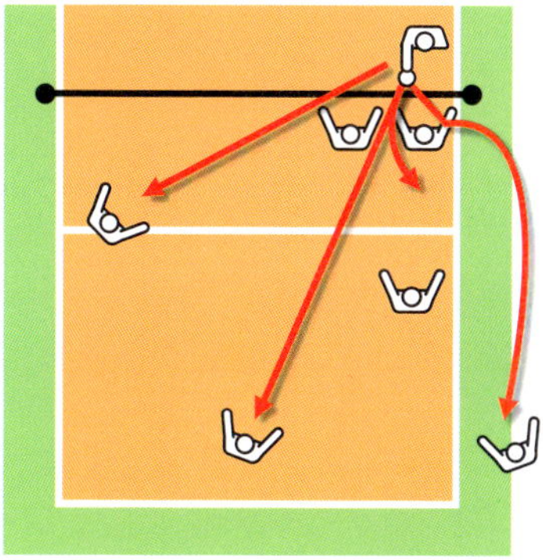

ディグの成功は、レシーバーのポジショニングに大きく左右されます。最初はブロックのいない最も強打がきやすい場所に構え、そこから、相手がかわしてきたボールやワンタッチボールを目で追いながら走り込んで対応するのがベストです。

Advice 2

壁際のボールはすべり込んで防御する！

レシーブした後は両手を壁につき、
衝撃を軽減する

ボールを走って追いかけ
膝をつきながらレシーブ

壁際に落ちるボールを拾う時にも膝すべり込みレシーブが有効。ボールに向かって走って突っ込むと壁にぶつかりケガをする恐れがあります。ボールをとる前に膝をついてすべり込みながら、ボールをすくい上げた後、両手を壁について防御します。

前方の遠いボールは
フライングレシーブで上げる

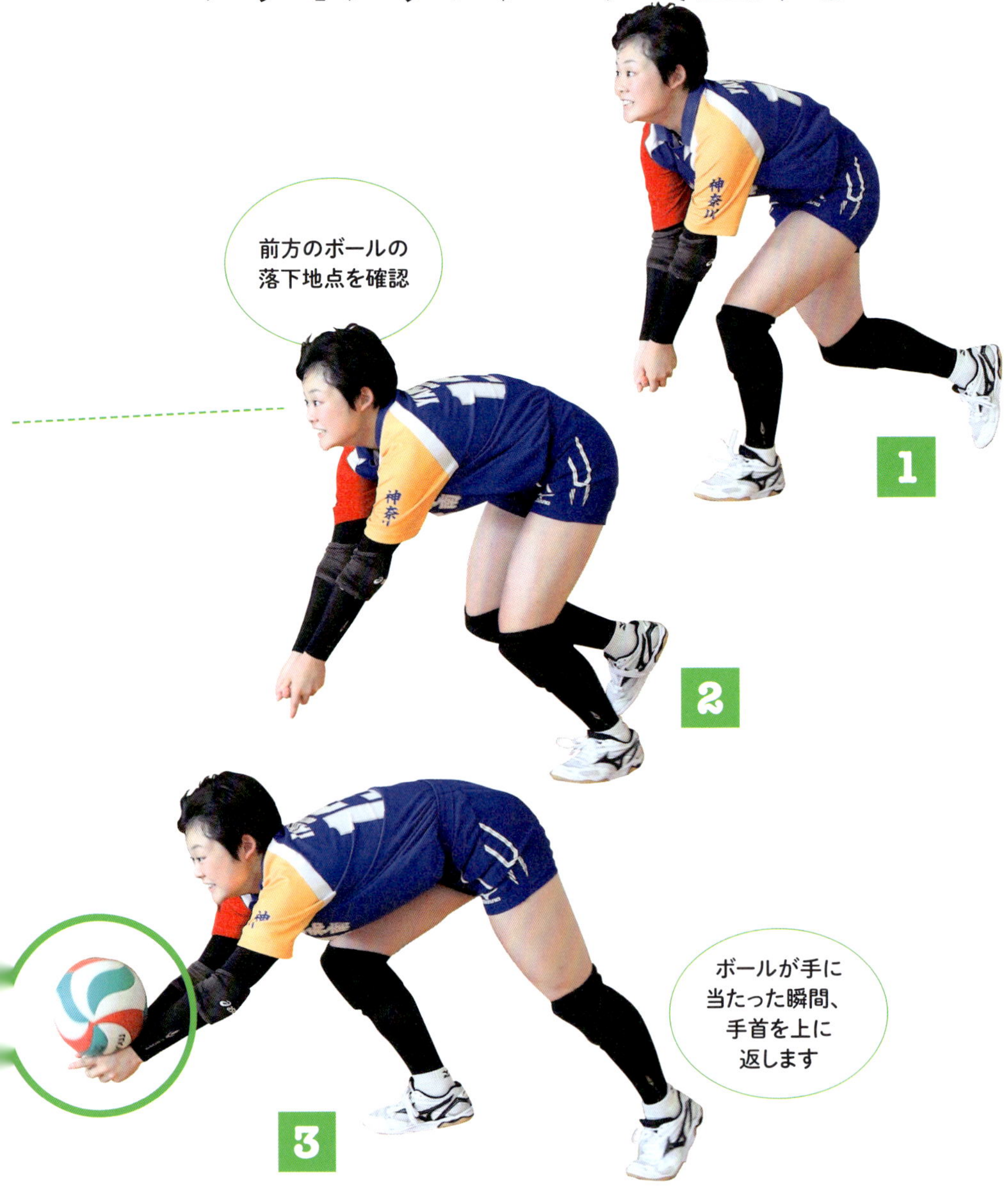
前方のボールの
落下地点を確認
1
2
ボールが手に
当たった瞬間、
手首を上に
返します
3

走り抜けレシーブで処理できない前方に飛んできた遠いボールに対しては、フライングレシーブが有効です。ボールの落下地点を判断し飛びつき、腕の面をボールの下にすべり込ませます。ボールが当たったときに手首を上に返すと、ボールは上に上がりやすくなります。

4

体を反らせ
腕から胸、腹という順に
着地します
5

着地したら
すぐに起き上がって
次のプレーへ
6

ぐんぐん上達!ワンポイント

Point 1

低い位置でのレシーブが準備時間を作る!

ボールをとる位置が低ければ低いほど、準備する時間ができるため、よりよいレシーブを上げることができます。レシーブしたボールは、セッターに返すのではなく、自分の体の真上に上げる意識ですくい上げましょう。

決して高い位置でボールに飛びつかず、最後までボールをよく見て低い位置でボールをとらえよう

Point 2

しっかり受け身をとってスムーズに着地!

ボールを上げた後は、ケガをしないように着地しましょう。両手を先に床について体を支えるようにして、胸、腹、下半身と着地させていきます。しっかり受け身をとってスムーズに着地することが、次のプレーへの移行にもつながります。

もぐり込むようにボールの下に飛び込み、最後は両手で衝撃を抑えながら着地する

実戦で役立つ!アドバイス

Advice 1

ボールが落ちる瞬間、手の甲で上げるレシーブ

ボールがコートに落ちる間際に手のひらをすべり込ませよう

普通のフライングレシーブでは間に合わない場面で、最後の切り札として使うのが「パンケーキ」。ボールが床につく間際に手のひらを差し込み、手の甲でボールを上げます。ボールが床に落ちるギリギリのタイミングで差し込むのがポイントです。

Advice 2

パンケーキを身に付ける簡単練習法

始めは、ボールの落下地点を目測するのが難しいので、できるだけ距離が短い状態でレシーブする状況を作ります。2mくらいのところからボールを投げて、足を床につけた状態から「床の上に一枚板を置く」という意識で手のひらを置きましょう。

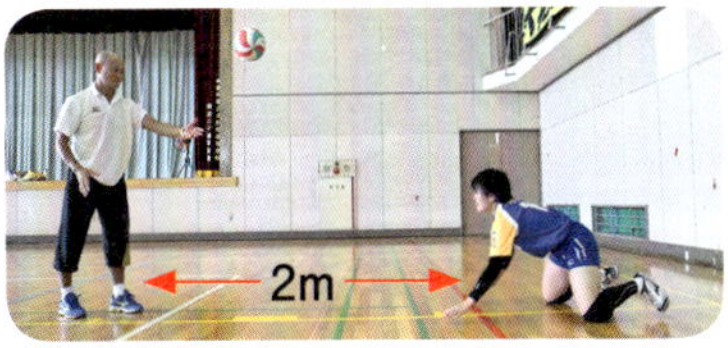

2mくらいの距離からボールを投げます

ボールの落下地点を予測します

手のひらを床に置くようにしてレシーブ

横のボールは体をローリングさせてレシーブする

低い姿勢から
ボールに
飛びつきます
1
レシーブした
腕から
床に着地
2
左右の腕、肩の
ラインを軸にして
回転の準備
3

体の前方にきたボールはフライングレシーブ、体の横にきた遠いボールは床で回転して起き上がるローリングレシーブを使いましょう。ローリングレシーブは、床にすべり込んだときの勢いを利用して体をスムーズに回転させることで、次のプレーへすばやく移行できます。

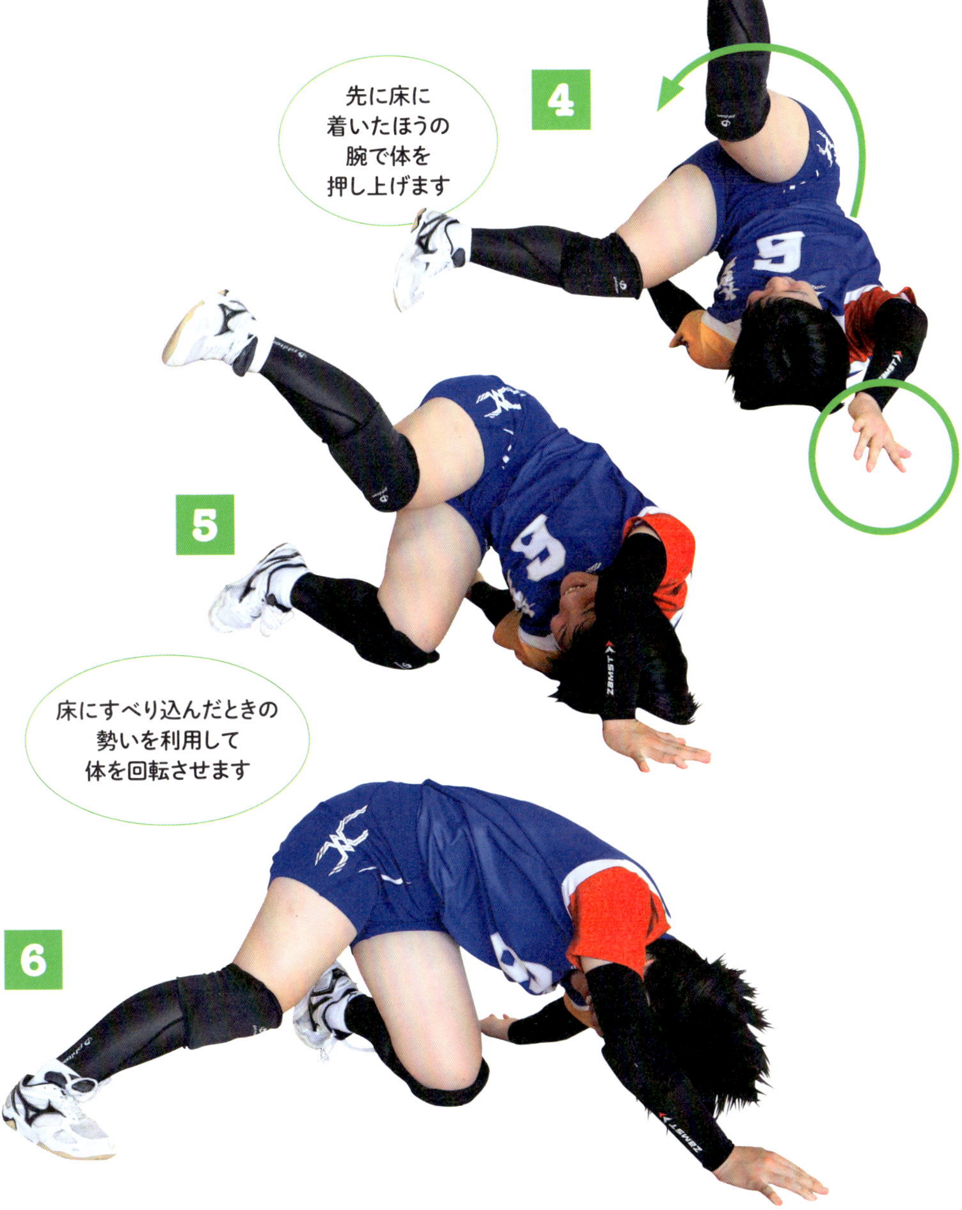

4
先に床に着いたほうの腕で体を押し上げます
5
床にすべり込んだときの勢いを利用して体を回転させます
6

ぐんぐん上達！ワンポイント

Point 1 肩のラインを軸に体を回転させよう！

進行方向に向かって足を蹴らないとスムーズな回転ができず、ケガにつながる

腕の角度が床に対して大きいと衝撃を抑えられないので注意

低い位置でレシーブしたら、腕をまっすぐ床に向かって伸ばすのがポイントです。腕から順に体を着地させることで頭を打つのを防止します。すべり込んだ勢いを利用して、肩のラインを軸にしてお尻を持ち上げて体を回転させましょう。

Point 2 すぐに起き上がって次のプレーを意識する！

回転した後は、すぐに起き上がって次のプレーを意識することが大切。すべり込んだときの勢いがなくなると回転が途中で止まってしまうので、しっかりと床を蹴って回転しすぐに起き上がって、次のプレーに向かいます。

体を起こして左右の足が床についたらすぐに次のプレーの準備動作に入る

実戦で役立つ!アドバイス

Advice 1
受け身の体制としても有効なローリング

両手で体を支えるようにして着地しローリングに入る

横のボールを走りながらレシーブ

レシーブした後に勢いがついてその力を軽減するために、受け身をとる体制としてもローリングは有効です。ボールを上げた後、1、2歩走りながら少しずつ低い姿勢を作っていき、腕を床について体を回転させましょう。

Advice 2
相手が攻撃する瞬間は静止してコースを読む

相手の攻撃にすばやく反応し確実にレシーブするためには、相手がスパイクを打つ瞬間は止まって構え、ボールが打たれてから動くことが重要。決して早く動きすぎず、相手の攻撃に対して「1、2」で合わせて動くリズムを作っていきましょう。

どのディグにおいても、緩いボールは走れば間に合うので、ボールの出た方向を確認してから動こう

相手の強烈なスパイクに対してのレシーブ

相手の攻撃が
打たれるまで
動かない
1
重心を低く、
しっかりと三角の
面を作ります
2

ブロックとレシーブの関係がうまく作用し、相手の強打が正面にきたら絶好のレシーブチャンス。腕を振らずに体の前でボールをしっかりとらえられれば、ボールは簡単に上がります。ボールの勢いを吸収できるようにスパイクコースに入ることが大切です。

太腿と腕の面が
重なる位置でボールの
勢いを吸収
3
4

ぐんぐん上達！ワンポイント

Point 1 レシーブした直後はボールの軌道を確認

すべてのディグのおいてレシーブしたボールの軌道を確認するクセをつけよう

ローリングの体制から自分が思い描いたボールを上げるには、レシーブした直後、下からのぞき込むようにボールを見ることが大切。最初からその意識を持って取りに行くことで、ボールの下に体をもぐり込ませやすくなり、質のいいレシーブにつながります。

Point 2 膝をついて低い姿勢をキープする膝付きディグ

ボールがきた逆サイドの足をクロスさせて起き上がる準備

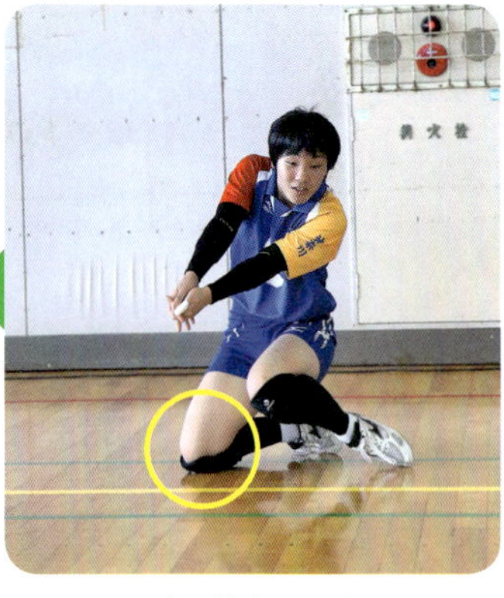

床に膝をついて低い姿勢をキープする

左右にずれたボールに対しては、膝をついて低い姿勢をキープし強打の勢いを吸収しましょう。低いボールに対して手から突っ込むとボールを弾いてしまいがちですが、膝をつくことで上体をまっすぐに保つことができます。

実戦で役立つ!アドバイス

Advice 1

反対側の肩を突き出して踏ん張る回転ディグ

膝をつかないように
体を回転させ、
次の動作に移る

レシーブ後、
ボールがきた逆サイドの足
をクロスさせる

ボールがきた逆サイドの
肩を下げるようにして
軌道を確認

体の横にきた強打に対しては、ボールがきたほうの足を一歩踏み出して、反対側の肩を下げて面を作ります。その勢いで最後は背中を向けるカタチになりますが、倒れることなく、すばやく次のプレーに移ることができます。

Advice 2

2つ以上の選択肢を頭に描いてレシーブ体勢に入る

2人、3人レシーブ練習のときから念頭に置いておくことが、実戦の動きにつながる

レシーブに入る際、相手の攻撃を予測しておくことが成功につながります。そのためには必ず選択肢を2つ以上持つことが大切。フェイトであれば、コート中央や選手間、強打であれば前後左右など予測される攻撃を頭に描いてレシーブ体勢に入りましょう。

実戦でためになる
コラム③

相手の攻撃をつぶしていくことが相手の選択肢を狭めていく

バレーボールは一瞬一瞬の判断の連続です。ディグにおいても、相手がどこから攻撃してくるのか、アタッカーはどのコースに打ってくるのか、強打なのかフェイントなのか、そしてアンダーハンドで取るべきかオーバーハンドで取るべきか、次々に判断しなければいけません。

　強打かフェイントかを判断するには、相手アタッカーのモーションや、ボールとブロックの関係を注意深く見ることが大事。構えたときにボールの姿がブロック周辺に見えていれば、ブロックの間や横、上を抜けてくることが予想されるので強打に対して備えます。ボールがブロックで見えない位置にある時はフェイントに備えます。

　フェイントは、とにかく落とさなければ勝ちです。たとえ自チームの攻撃につながらず相手にチャンスボールを返すことになったとしても、相手アタッカーからすれば、フェイントは落ちなければ「失敗したな」という心理状態になるもの。連続してフェイントをやりにくくなり、攻撃の選択肢が狭まります。バレーボールは心理ゲーム。粘りによって相手を徐々に追いつめていくことがディグの役割でもあります。

Lesson 4

Attack

アタック

高い打点から体重を乗せて打つオープンスパイク

ボールの位置を
前方で確認し
スイング
体重を
乗せて
ボールを
とらえる
4
5
6

バレーボールにおいて、もっとも得点につながりやすいプレーが「スパイク」です。なかでも「オープンスパイク」はスパイク動作の基本になります。トスが上がってから助走を開始し最高到達点で打てるように、高いジャンプと肩甲骨を使った力強いスイングがポイントになります。

セッターがボールを送り出してから助走開始
1
トスの軌道を確認しながら後ろに腕を振り上げてバックスイング
2
最後の一歩をカカトから踏み込む
しっかり体を沈み込ませて前方に腕を振り上げる
3

ぐんぐん上達！ワンポイント

Point 1 助走でつけた力を縦方向に変える！

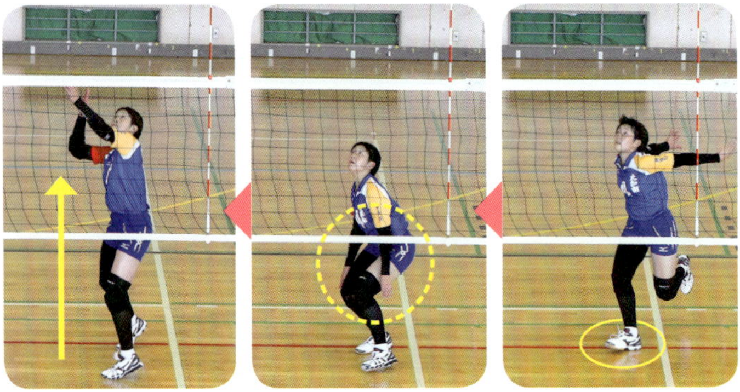

ためた力を上方向に放出しジャンプ

しっかり沈み込み、下半身に力をためる

助走の勢いを最後の一歩のカカトに吸収する

高くジャンプするポイントは、助走を加速させて蓄えた力を最後の踏み込みで縦方向に変えること。最後の一歩はカカトから床面につけて沈み込み、腕の振り上げと太腿の力を使って上方向にジャンプします。

Point 2 腕だけでなく肩甲骨を使ってスイングする！

スイングした腕をヘソの前まで振り切る

ボールを顔の前でしっかりとらえる

腕の根元を後ろに引くようにして肩甲骨を可動

ジャンプと同時にスイングの準備

より高い打点から力強いスパイクを打つためには、腕だけでなく肩甲骨を大きく使うことが大切です。打った後、腕がヘソの前に来るようにフォロースルーを行うのがポイント。そうすると自然と肩甲骨が使えるようになります。

実戦で役立つ!アドバイス

Advice 1
早く入り過ぎずに体の前でボールをとらえる!

ボールが体より後ろにいくと体重の乗ったスパイクが打てず、ブロックも見えない

体より前でボールをとらえることで体重を乗せられる

踏み切るときにトスの真下に入ってしまうと、アゴが上がってしまい力強いスパイクを打つことができません。体重の乗ったスパイクを打つためには、セッターがボールを送り出すのを確認して踏み切り、体より前でボールをとらえましょう。

Advice 2
ボールの横をこするように打つ巻き球スパイク

小柄な選手も技術を身に付ければ得点を量産できます。有効なのが「巻き球スパイク」。ボールの横をこするように打つと斜めの回転がかかり、山なりの軌道で斜めにカーブします。ネット上の通過点が高いためブロックされにくく、レシーバーの意表をつくスパイクになります。

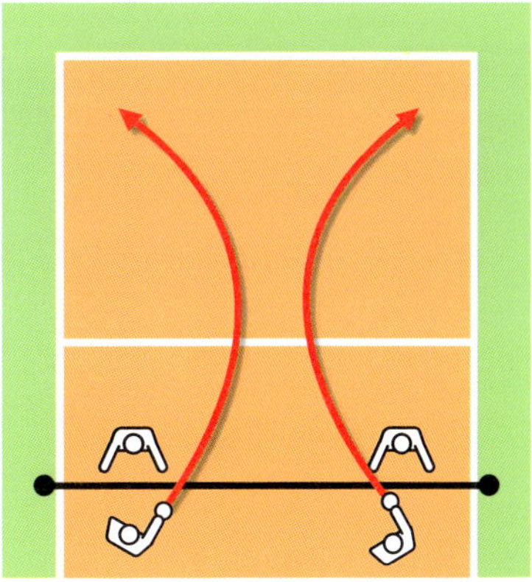

13ページのアドバイス1「カーブするボールのとらえ方」と同様にボールの端をとらえてこするように打つ。ブロッカーの横を通過するイメージでコート奥を狙う

ブロックとアンテナの間を狙うストレート打ち

1 トスがアンテナ付近までくるのを待つ

2 実戦ではブロッカーの動きも
必ず確認する

3 左肩付近でボールを
とらえる意識でインパクト

4 最後までしっかり
フォロースルーを行う

実戦で役立つ！アドバイス

Advice 1
アンテナまでトスを伸ばして左肩の前で打つ

基本のオープンスパイクを身に付けたら、ブロックのいないところへコースを打ち分けていきましょう。レフトからのストレート打ちは、トスが左肩の前（ライトのときは右肩の前）に来るまで待ってボールをとらえます。

トスは途中で落下しないように
しっかりアンテナまで伸ばしてもらう

Advice 2
コース打ちで相手の裏をかく攻撃を仕掛ける！

顔をストレートに向けて
クロスに打つケース

顔をクロスに向けて
ストレートに打つケース

点を取るには、相手との騙し合いが必要。コース打ちに慣れたら、相手の裏をかくスパイクにチャレンジしましょう。顔はストレートを向きながらクロスに打ったり、クロスを向いてストレートに打って相手を惑わせます。

ブロックの間や脇を見極めるクロス打ち

1 トスの軌道を確認

2 実戦ではブロッカーを確認しながらスイング

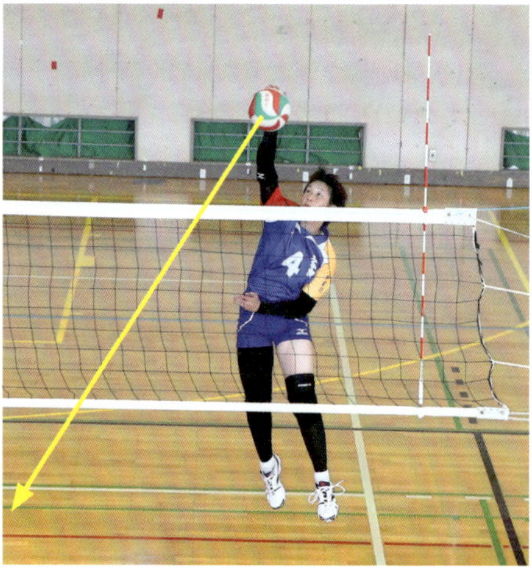

3 右肩の外側付近でボールをとらえる

4 最後までしっかりフォロースルーを行う

実戦で役立つ!アドバイス

Advice 1
右肩の前方で ボールをとらえて クロスコースへ

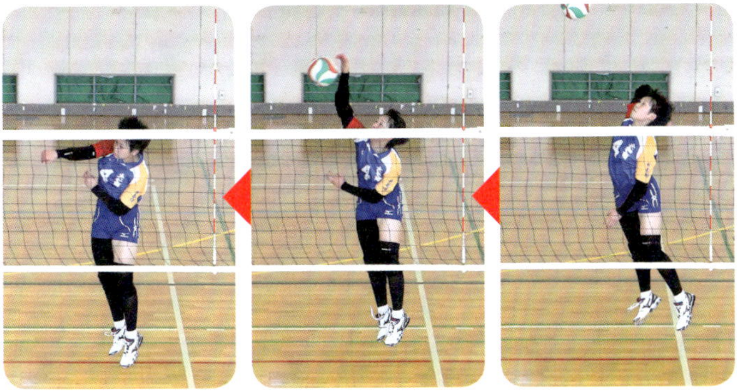

ブロックの
脇を抜けるイメージで
練習しよう

アタックライン付近に
突き刺さるように
狙っていく

インナー打ちは、
右肩の前方で
ボールの左側をとらえる

レフトからのクロス打ちは、右肩の前(ライトからのときは左肩の前)でボールをとらえます。ブロックとブロックの間やブロックの脇を見極めて狙っていきます。ボールの左側をとらえるとインナーに打つことができます(写真)。

Advice 2
体を反対方向に 向けて打つ ターン打ち

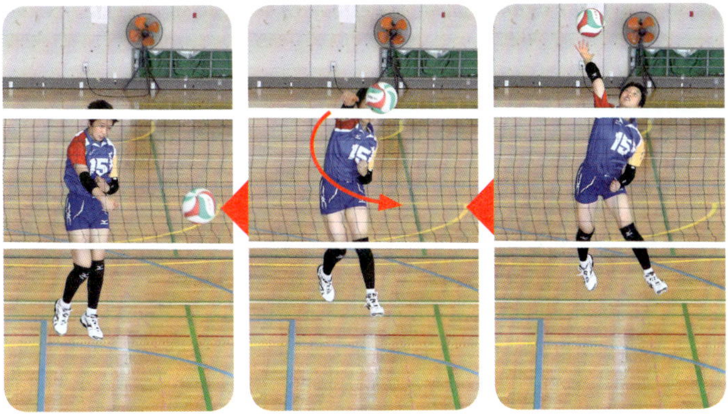

しっかり
フォロースルーを行う

ボールをとらえた後体を
左方向へひねる

空中でボールを
とらえる

クロス打ちと同じように右肩の前でボールをとらえながら、体を左側にターンさせ左側に打つのがターン打ち。クイックを打つ時や、レフトの選手が助走を中に切れ込んでストレートへ打ったり、レフトからブロックアウトを取る時に有効です。

アンテナより低い位置で速いトスを打つ平行攻撃

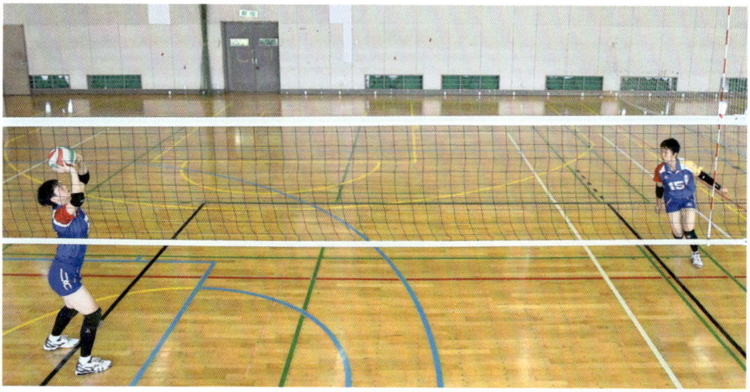

1

アタッカーは
セッターが
トスアップする前に
助走に入る

2

セッターが
ボールを
送り出したら
バックスイング

3

ボールの軌道を
確認しながら
踏み切る

相手ブロックのマークを薄くするために有効なのが、アンテナより低く速いトスを打つ平行攻撃です。速攻と同じようにトスアップに合わせて助走に入り、セッターがボールを送り出した瞬間に踏み込み、打つポイントめがけてすばやくスイング。選手の能力に合わせてトスの速さと高さを調整していきましょう。

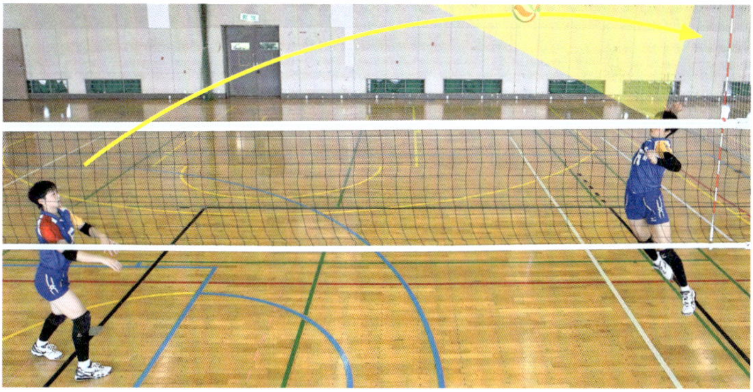

4

空中でボールを
視野に入れる

5

スイング動作に入り
トスが伸びてくる
のを待つ

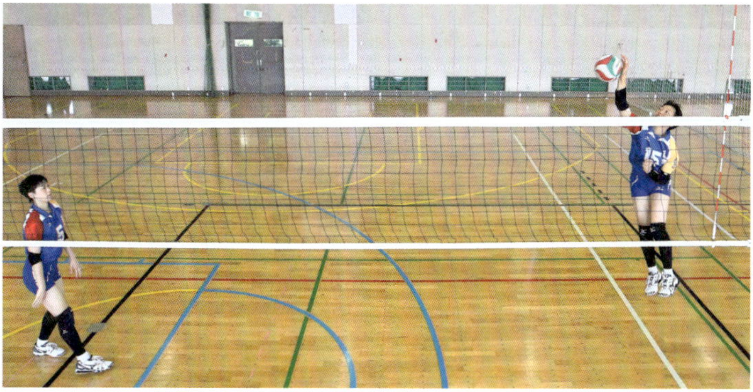

6

高い打点で
ボールをとらえて
スイング

ぐんぐん上達!ワンポイント

Point 1

コンパクトなフォームでスナップをきかせる!

平行攻撃の速いトスに合わせるにはコンパクトなスイングが必要。オープンスパイクのように背中を反らせて大きく振りかぶると対応できないので、肘を後ろに引くだけで構えておき、速いトスに合わせて手首のスナップを使って打ちます。

踏み切り時には腕を引いてスイングの準備をしておく

Point 2

アタッカーの打てるポイントを維持する平行トス

アタッカーの打てるポイントを維持するため、しっかり手を伸ばしてトスアップ

平行攻撃のトスは、スピードを保ちながらもアタッカーの打つポイントをたくさん維持した状態で上げるのがポイント。途中で落下せずに白帯の上をまっすぐ伸びていくトスを心がけましょう。

実戦で役立つ！アドバイス

Advice 1 平行よりも距離が短くて速いのがBクイック攻撃

ネット中央で仕掛けるAクイック攻撃と平行攻撃の中間の位置で行う攻撃が、Bクイック。平行攻撃よりも短いスピーディーなトスに対して、アタッカーが空中で待つようなイメージで仕掛けていきます。

上：トスアップの前に踏み切り、スイングの構え
中：トスの軌道が伸びてくるのを視野に入れる
下：最高到達点でボールをとらえてスイング

Advice 2 コンビが合わなかったときは攻撃を仕切り直す

味方は必ずフォローにつき、合わなかったときはブロックを利用して仕切り直す

平行攻撃はオープン攻撃ほど高さがなく、速い攻撃はコンビが合わないリスクも伴います。合わなかった時は無理に打ちにいくとシャットアウトされてしまうので、合わなかった時はフェイントやリバウンドで切り返し次のプレーにつなげましょう。

肘を上げた状態でトスを待つ クイック攻撃

1 セッターがトスアップする前に助走に入る

2 トスアップと同時に踏み切りジャンプ

ミドルブロッカーがコート中央のゾーンから行う速い攻撃がクイックです。平行攻撃以上に速い攻撃なので、肘を上げた状態で踏み切り、いつでもスイングできる状態でジャンプ。トスを待つ状態でタイミングを合わせていきましょう。

3 ジャンプと同時に肘を引き、スイングの構え

4 空中でトスを待ち、ボールがきたらスイング

ぐんぐん上達!ワンポイント

Point 1

ネットに近すぎないコース打ちできる位置で踏み切る

ネットから1mほど
離れたところで踏み込む

トスがネットに近いと、タッチネットする恐れがあり、また小柄な選手はブロックに上から囲まれて打つコースがなくなります。ネットから1mほど離れたところで踏み切り、打つコースを選択できるようにしましょう。

Point 2

打てるフォームでジャンプしスナップを利かせる

最高到達点にいるときに、
打てる状態を作っておく

手首のスナップをきかせて
コンパクトにスイング

クイックは、一瞬のタイミングが勝負。踏み切ると同時に肘を引いて構え、トスを待つようにして打てる状態を作っておくのがポイントです。トスが来たら、ダイレクトスパイクを打つ時のように手首のスナップですばやくスイングします。

実戦で役立つ!アドバイス

Advice 1

打つ位置を左右にずらしてブロックをかわす!

トスが最高到達点に行く前にスイングに入る

自分の顔の前にきたらインパクトする

トスが自分の顔の前にきたらスイングに入る

左肩付近にきたら体を左方向にひねってターン打ち

相手ブロックがマンツーマンでクイックをマークしている時は、ボールを打つ場所をずらしていく工夫を取り入れましょう。セッターにトスをボール半個または1個分ずらしてもらい、それに合わせてボールを打つ位置を変えていきます。

Advice 2

どんな方向からも助走に入って打てるようにする!

タイミング、位置に加えて、さらに助走のバリエーションを加えると、相手ブロッカーを惑わせる選択肢を増やすことができます。「まっすぐ」「ライト側から」「レフト側から」など、どんな方向からも助走に入ってクイックが打てるように練習しましょう。

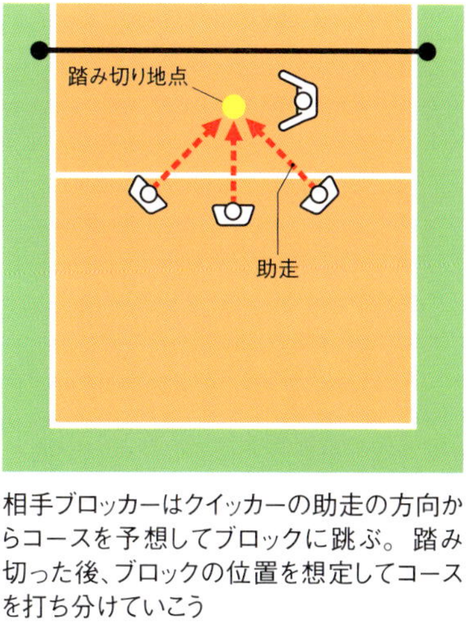

相手ブロッカーはクイッカーの助走の方向からコースを予想してブロックに跳ぶ。踏み切った後、ブロックの位置を想定してコースを打ち分けていこう

コートの横幅を有効に使う ブロード攻撃

1

セッターの
トスアップの
タイミングを
確認しながら
助走開始

2

ボールから
目を離さず助走
を加速させる

3

トスが
最高到達点に
きたら踏み切り
の準備

攻撃において相手ブロッカーを翻弄するには、コート９ｍの横幅を使ってバリエーションの多い攻撃を仕掛けられるかがカギ。ブロックを散らすために、ライト側に向かってボールを追いかけるようにして打つ有効なブロード攻撃を身に付けましょう。

4

トスがくる方向の
足で踏み切る

5

ジャンプと同時に
腕を振り上げ
スイングの構え

6

ボールに体重を
乗せてインパクト

ぐんぐん上達!ワンポイント

Point 1

右膝を引き上げて飛びつくようにジャンプ!

ブロード攻撃は片足でしっかりジャンプできるかどうかがカギ。高くジャンプするためには、左足で踏み切る瞬間、右膝を思い切り引き上げることがポイントです。太腿を胸にくっつけるイメージでボールに飛びつきましょう。

太腿を胸にくっつける意識でジャンプするのが高さをキープするコツ

着地時には体がコート側に向くように

打つ瞬間に体をコート側、左方向にひねる

Point 2

打つ瞬間に体をひねってパワーを乗せる!

威力のあるブロードスパイクを打つためには、最後の体のひねりがポイント。ストレート打ちでもクロス打ちでも、打つ瞬間、体を左側にひねってボールに力を加え、着地の時には体がコートの内側を向くように意識しましょう。

実戦で役立つ!アドバイス

トスの動きとブロッカーを同時に視野に入れるため、ネットに近づきすぎない距離でネットに対して平行に助走に入る

トスと相手ブロッカーが
視野に入る位置で助走する

Advice 1

ボールを目で追いながら呼吸を合わせる!

ブロード攻撃はセッターとの呼吸が大事。助走の時にはライト方向に向かって走り、セッターが送り出すボールを確認しながら、相手ブロッカーも視野に入れてタイミングを合わせましょう。

Advice 2

ストレートをマークされたらブロックを利用する!

相手ブロッカーにマークされてストレートのコースをふさがれた時は、ブロックアウトやプッシュアウトのチャンス。その際は体はひねらず、走ってきた体の勢いを利用して手だけでボールを押し出しましょう。

助走の勢いをそのまま利用して
ボールをブロックの外に押し出す
テクニックを身に付けよう

助走の勢いを活かした威力のある
バックアタック

1

セッターの
セットアップを
確認しながら
助走の準備

2

トスの軌道を
確認しながら
踏み込みに入る

3

ボールに
飛びつくような
意識で踏み切る

助走の勢いを利用してアタックラインの後ろで踏み切り、前方にブロードしながら打つのがバックアタック。基本的にオープンスパイクと同じフォームですが、ネットから離れたトスに対していかに視野を広く保ちながら、威力のあるスパイクを打てるかがポイントです。

4

前方向に
向かって
ブロードジャンプ

5

空中で体が
ぶれないように
正面から
ボールをとらえる

6

相手コートを
視野に入れて
スイング

ぐんぐん上達!ワンポイント

Point 1

つま先をまっすぐにして前方向にブロードする!

バックアタックの踏み込み
つま先をまっすぐにして助走の力を
利用して前方向にジャンプする

オープンスパイクの踏み込み
助走の力を上方向に変えるため、
つま先で前方への力を制御する

後ろから走り込んできた助走の勢いを活かすためには、前方のボールに向かって飛びつくようにジャンプ。オープンスパイク時には上方向にジャンプしますが、バックアタックは踏み込み時に制御することなく前方向に踏み切りましょう。

Point 2

バックアタックは相手の胸元を狙うと弾きやすい!

バックアタックはネットにかからないように足の長いスパイクを打つのが基本。さらに、バックアタックの時は相手レシーバーが後ろに下がろうとするので、その下がり際の胸元をめがけて打つとレシーバーは弾きやすくなります。

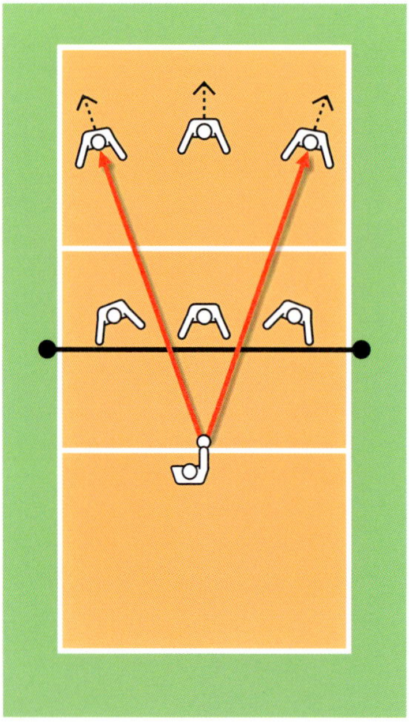

相手レシーバーの
胸元が狙いどころ。
相手コートをしっかり
よく見て狙っていこう

実戦で役立つ！アドバイス

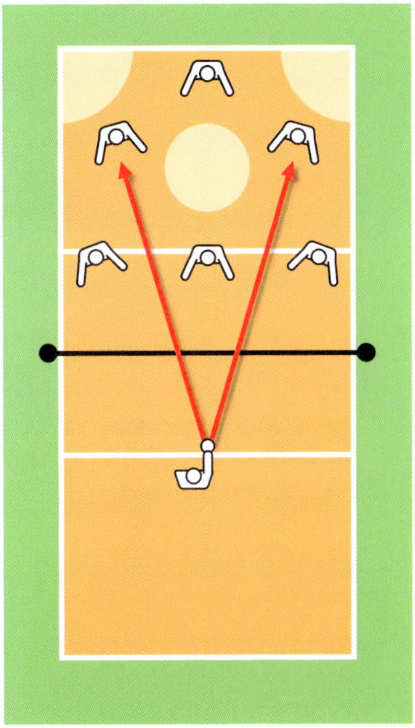

バックアタックに対してはブロックが跳ばない場合が多く、前衛の選手がブラインドになったりするので、前衛と後衛の選手の間が狙い目。空いているスペースを含め、揺さぶりをかけて相手を混乱させる

Advice 1

相手を惑わし布陣を崩すためのバックアタックの戦略

「決めるためのバックアタック」という意識があると、なかなか試合で使うことができません。1本で決まらなくても、相手を崩してベストな攻撃をさせなければ自分たちに有利に展開しますから、バックアタックは十分に使う価値があります。

トスの最高到達点でボールをとらえる

高いトスの時よりもコンパクトにスイング

トスが上がってから踏み込む

Advice 2

低いトスのバックアタックも練習しよう！

バックアタックは長身選手のものと思われがちですが、そうではありません。決めるためだけでなく、「相手を崩すため」と考えれば、攻撃に変化を加える意味で、速さのあるバックアタックも有効です。低めのトスでのバックアタックも練習して身に付けましょう。

ネット際の処理は
ブロックを利用して攻撃する

1 トスがネットに近かったり、タイミングが合わないときに用いる

2 相手ブロッカーの位置を確認しながらジャンプ

実戦では、決してベストな状態で攻撃できることは多くはありません。必ずブロックがつくことを想定して、ネット際で処理できる技術を習得しましょう。そこで相手のブロックを利用するプッシュアウトやブロックアウト、ブロックの死角を狙うフェイントなど、相手が嫌がる攻撃を仕掛けていきましょう。

3 ブロッカーの外側の手を下から上に押し上げるようにしてプッシュ

4 ボールの行方をしっかり見送り、着地する

ぐんぐん上達！ワンポイント

Point 1
低い位置からボールを外に押し出すプッシュアウト

相手ブロッカーと押し合い、外に出すのがプッシュアウト。外側のブロッカーの腕など、相手の力が入りにくい場所を狙います。トスがネットに近いと思ったら、すばやくボールの下に入り、低い位置から押し出しましょう。

ボールを下から上へ押し上げるようなフォームを身に付ける

Point 2
ブロッカーの指先をめがけてブロックアウトをとる！

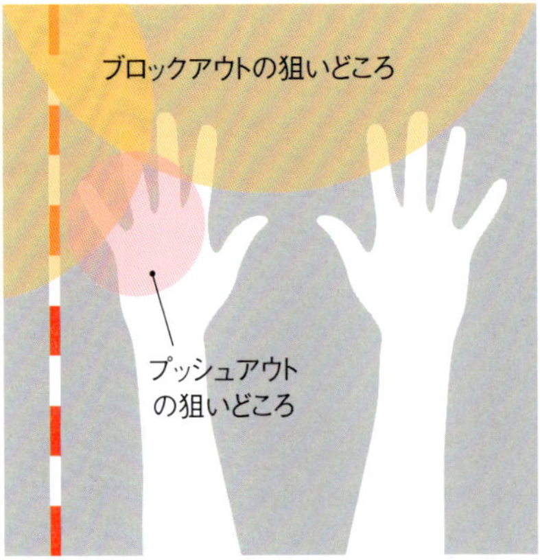

〈レフトから攻撃する際〉

相手ブロッカーの力の入れずらいところを狙う

強打でブロックアウトを狙うときは、ブロッカーの指先を狙ってボールを外にはじき飛ばします。タイミングをずらすことができるようになれば上級者。打つタイミングに変化をつけてブロックの落ち際やブロックが完成する前の上がり際にはじき飛ばしましょう。

実戦で役立つ!アドバイス

Advice 1
ブロックの落ち際にプッシュするフェイント

ブロッカーが着地するのと
同時にボールが
落ちていくのが理想

ブロッカーの背後を
狙ってボールを落とす

ブロックの上を
通過するように
高い打点からプッシュ

普通のスパイクを打つときと同じようにフルジャンプをして、打つぎりぎりで軟打に切り替えるのがフェイント。ボールが浮くと拾われやすくなるので、打点より高く浮かないように注意。ブロックの落ち際にプッシュしましょう。

Advice 2
確実に狙いたいフェイントの落としどころ

フェイント　タッチ

サイド攻撃時の落としどころ

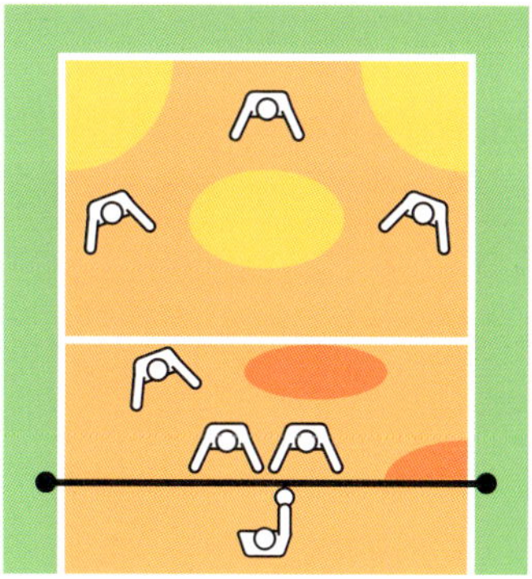

クイック攻撃時の落としどころ

クイックならコートの真ん中、サイドならブロックのすぐ横や、ロングボールでコートの角を狙うのも有効。また、助走に変化をつけて自分でスペースを作ることもできます。サイドから中に切れ込んでブロックを中に引き寄せ、そのすぐ外側に落とすなど、工夫してみましょう。

実戦でためになる
コラム4

自分たちが決めたい攻撃ではなく 相手が嫌がる攻撃を選択する

得点を奪うためには、自分たちがやりたい攻撃をやるのではなく、相手の嫌がることをやらなければ決まりません。アタッカーは、気持ちよく強打を打って決めたいと思うものですが、どんなスパイクで決めても、1点は1点です。「ドカンと強打を決めたら5点」というようなルールがあるのなら、強打にこだわって攻めればいいのですが、バレーボールはそうではありません。ドカンであれ、ポトリであれ、どんなカタチでもボールがコートに落ちれば1点です。

小学、中学時代に、強打でどんどん得点を奪うエースだった選手も、高校では同じようには決められなくなるケースが多くあります。高校は組織力が向上しディグ力が中学とは違いますから、強打一辺倒では通用しません。

それを打開するためには、フェイントや、相手ブロックを利用した打ち方を身に付けることが必要です。バレーボールは相手とのだまし合い、駆け引きですから、どれだけプレーの選択肢を多く持っているかが重要です。

Lesson 5

Block

ブロック

スパイクコースを限定する基本の1枚ブロック

1 アタッカーを見て
タイミングをはかります

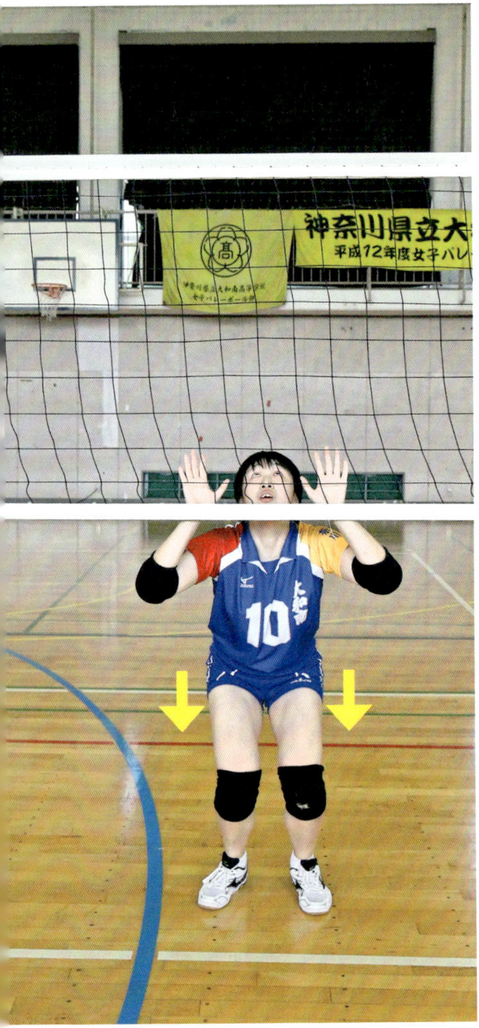

2 スクワット姿勢で腰を落とし
真上にジャンプする準備

ブロックは、相手の攻撃を防ぐための一つ目の壁。相手のスパイクを止めるだけでなく、後ろのレシーバーのために、攻撃のコースを限定させるのもブロックの大きな目的です。まずはブロックの基本となる構え、ジャンプのフォーム、手の出し方をしっかり身に付けましょう。

4 手のひらを内側に向けるように
手を前に出します

3 ネットに沿って
手をまっすぐ上に出します

ぐんぐん上達!ワンポイント

Point 1 相手の攻撃を見極めて構える!

通常のブロックの構えであるミドルポジションは顔の位置で構える

クイック攻撃には手を頭の上にあげてハイポジションで構える

相手の攻撃体制によって構えを使い分けることで、より効果的に対応できます。基本はミドルポジションですが、速攻に対しては、手を高い位置で構えるハイポジションで膝を深く曲げずにすばやくジャンプして対応します。

Point 2 アタッカーを蹴るイメージでジャンプ!

左：構えたときに手がネットにぶつからない位置がベスト　中：両足のつま先を意識してジャンプ　右：体が「く」の字になるように手を前に出す

相手のスパイクをブロックする時には、手をネットより前にしっかり出すことが大事です。つま先で相手アタッカーを蹴るつもりで、体全体が「く」の字になるようにジャンプすると、手が前に出やすくなるので意識してみましょう。

実戦で役立つ!アドバイス

Advice 1
手を内側に向けてブロックアウトを防ぐ!

レフトサイドでブロックに跳ぶときは左手を内側に向ける

ライトサイドでブロックに跳ぶときは右手を内側に向ける

ブロックアウトを狙われやすいのは、身長の小さい選手の攻撃やブロード攻撃。ブロックアウトをとられないためには、ブロックの外側の手をしっかり前に出してコートの内側に向けるのがポイントです。ボールが外に弾かれるのを防ぎましょう。

Advice 2
ソフトブロックでレシーバーにボールをつなぐ!

ボールをしっかり手のひらでとらえる

手のひらを上に向けてボールの勢いを吸収する

レシーバーを助けるためのブロックとして、手のひらを上に向けてボールを当てにいくソフトブロックも効果的。小柄な選手やスパイクコースを絞り切れないと判断した時は、手首を固定してボールをレシーバーにつなげましょう。

呼吸を合わせて広い範囲で壁を作る 2枚ブロック

1 トスの方向とアタッカーの動きを確認し移動します

2 基準となるサイドの選手に合わせてジャンプの準備

セッターのトスに対して2枚で跳びに行けると判断したときは、ブロッカー同士の呼吸を揃えて2枚で跳びに行きましょう。より広い範囲で相手の攻撃コースを防げます。ブロッカーが大きく手を動かすとレシーバーがコースを絞り切れなくなってしまうので、手はまっすぐ前に出してタイミングを合わせましょう。

3 2枚の間を空けないような位置取りがポイント

4 タイミングを合わせて手を前に出しましょう

ぐんぐん上達！ワンポイント

Point 1

セッターとアタッカーの目線を確認する！

アタッカーの目線を確認して
攻撃のコースを予測する

セッターのフォームとボールの
行方から目を離さない

相手の攻撃に対して早く反応するには、ボールから目を離してセッターとアタッカーを観察することが重要です。セッターの目線やフォームを目で追いながら、トスの方向を判断。さらにアタッカーの目線を視野に入れながら攻撃コースを予測しましょう。

アタッカーの利き手が中心にくるように跳ぶ！

相手の攻撃コースを確実に防ぐには、アタッカーの利き手の肩が2人のブロッカーの中心になるよう跳びます。2枚の間を空けず、外側の手をしっかり内側に向けることで、相手の攻撃コースをしぼり込みます。2対1の状況を最大限に活かせる位置取りを行いましょう。

相手のアタッカーの利き手が2枚のブロッカーの中心にくるように跳ぶ。アタッカーのコースを広く防ぐことができる

実戦で役立つ！アドバイス

Advice 1

相手の攻撃によって基準を変える！

相手のサイドからの攻撃は
サイドブロッカーが軸となり、
ジャンプする位置を決める

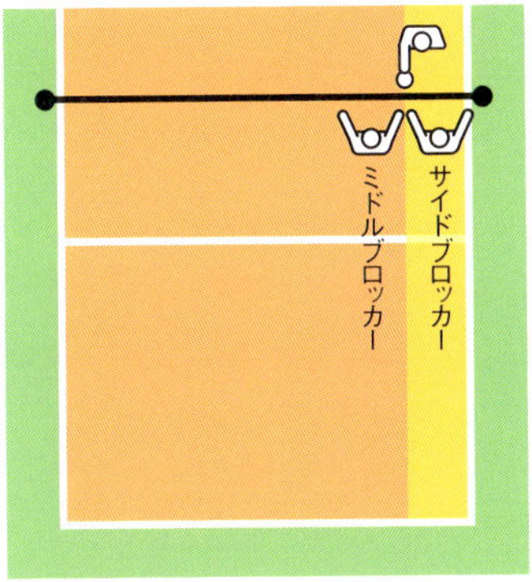

相手のセンターからの攻撃は
ミドルブロッカーが軸となり、
ジャンプする位置を決める

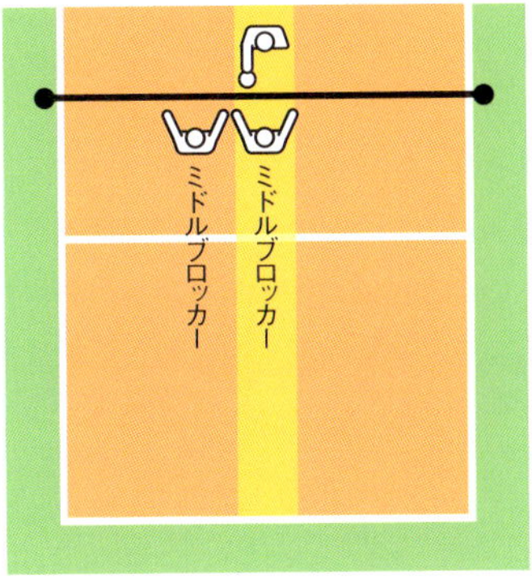

2枚ブロックを有効に機能させるには、基準となるブロッカーの位置取りが重要。相手のサイド攻撃に対してはサイドブロッカー、真ん中の攻撃にはミドルブロッカーが、相手アタッカーの位置を見てジャンプする位置の基準を作ります。

遅れた時は走って合わせにいく！

もしもブロックに遅れてしまった場合は、ステップを気にするよりも、速く走って追いつくことが先決です。その時は一旦ボールから目を離し、基準となるブロッカーを見て、そこに揃えることを優先しましょう。

間に合わないと判断したとき、トスの軌道を見ながらボールに追いつけるように走って移動する

実戦でためになる
コラム⑤

相手のクイック攻撃に対して守備の網を張っておく

ブロックは、ミドルブロッカーを中心に３人がネット際で構えるのが通常ですが、サイドブロッカーの２人は、ネットから１ｍほど離れて構えた方が、中高生レベルではより実戦的です。一番速い攻撃はセンターからのクイック攻撃ですから、まずはそれに備えるためです。相手がクイックでフェイントしてきた時には、ミドルブロッカーはブロックに跳びますが、サイドブロッカーはすぐさまレシーバーとなってフェイントをフォローしなければいけません。その場合は、ネットに近いよりも、少し離れていた方が拾いやすいという利点があります。サイドに上がったトスに対しては、多少ネットから離れていても、そこから動いて間に合います。

逆に、相手のサイド攻撃に対して、ミドルブロッカーが振られて遅れてしまった場合は、フェイントカバーに入らなければいけません。振られて「しまった」と落ち込んでいる時間はありません。ブロッカーからレシーバーへの切り替えをすばやく行いましょう。

Lesson 6
Toss
トス

どんな状況でも
同じフォームで上げる
基本のトス

1 両手を上げた状態で
構えておく

2

3 落下地点を判断して
ボールをとらえる準備

アタッカーの決定率を上げるためには、セッターは相手ブロッカーにどこにトスを上げるかを見破られないことが重要です。セッターは、レシーブしたボールの落下地点にすばやく入り、ハンドリングを使って方向転換。どの場所へセッティングするときも常に同じフォームでボールをとらえることがカギになります。

4 肘を引きつけて頭上でボールをとらえる

5 引きつけた肘を伸ばすようにしてボールを送り出す

6

ぐんぐん上達！ワンポイント

Point 1 ボールの下に入る準備をすばやく！

初動が遅れないように膝を曲げて半身をコートに向けて構える

準備動作が遅れてしまうとボールを正確にとらえられない

ネットに背を向けて半身をレセプション側に向けて構えます。ボールの下に入るときは、肘は常に曲げておき、手は胸の前でスタンバイ。その準備が遅れて腕を振り上げてしまうと正確なトスが上げられないので注意しましょう。

Point 2 頭の真上でボールをとらえる！

どこにトスを上げるか悟られないように通常は頭上からボールを送り出す

フロントにしか上げられない状況のときはオデコの上からボールを送り出す

フロント、バック両方へトスアップできるようにどんな状況においてもボールは常に頭の真上でとらえます。フロントのトスは肘の力を使えば頭の上からでもさばけるので、バックトスを上げやすいフォームで構えることが相手ブロッカーに悟られないコツです。

実戦で役立つ！アドバイス

Advice 1

ボールから目を離して周辺の情報を得る！

アタッカーが打ちやすいセットを上げるには、セッターはアタッカーの状態と相手ブロッカーの状況を視野に入れて確認しましょう。情報を得るために準備動作をしながらも、ボールからどれだけ目を離せるかが勝負になります。

相手のブロッカーの位置、味方のアタッカー、両方を視野に入れて確認。ボールからできるだけ目を離す意識で準備動作を行う

Advice 2

ボールに飛びつくように上げるジャンプトス

手首のスナップを利かせてボールを送り出す

頭上でボールをしっかりとらえる

ボールに飛びつくように真上にジャンプ

ネットを越えそうなボールに対して飛びつくようにして上げるのが、ジャンプトス。ボールを引きつけた力と手首のハンドリングを使ってボールを高い位置から送り出します。ボールの送り出しが速いため、クイック攻撃に適しています。

相手ブロッカーを引きつける正確なクイックトス

1 アタッカーが
先に助走をスタート

2 ボールの落下地点に入り、
ボールをとらえる準備

3 アタッカーを視野に
入れながらセットアップ

クイックは助走に入ったアタッカーにテンポの速いトスを合わせて仕掛ける攻撃。例え決まらなくてもクイックトスを上げることで、相手のブロッカーの選択肢が増えてサイドへのマークが薄くなります。様々なトスをマスターして翻弄しましょう。

4 手首を使って すばやく ボールを放す

5 アタッカーの打点に 向けてボールを出す

6 トスを上げた後は ブロックフォローに入る

ぐんぐん上達！ワンポイント

Point 1 アタッカーが打ちやすいのは無回転ボール！

手首を外側に向けて
ボールの勢いを吸収

肘を引きつけて
ボールをとらえる

アタッカーが打ちやすいのは「死んだボール」。つまり無回転のトスです。前回転がかかるとアタッカーが打つ前にボールが落下してしまうので、親指を下から押し出すように手首を返して逆回転をかけるつもりで無回転のトスを上げましょう。

Point 2 肘にぶつけるつもりでボールを出す！

落下しないようなスピーディーな
トスを心がける

レフト方向にいるアタッカーの
肘をめがける

Aクイックはアタッカーの打点に置くつもりでボールを弾き、Bクイックはジャンプしたアタッカーの肘にぶつけるつもりで勢いよくボールを出します。肘を引きつけた状態からすばやく伸ばしましょう。

実戦で役立つ!アドバイス

Advice 1

打つタイミングを工夫してブロッカーをかわす!

速いタイミング

セットアップよりも先にアタッカーが踏み切り、そこにめがけてトスを出します。アタッカーはトスが上がりきる前にすばやく打ちます。

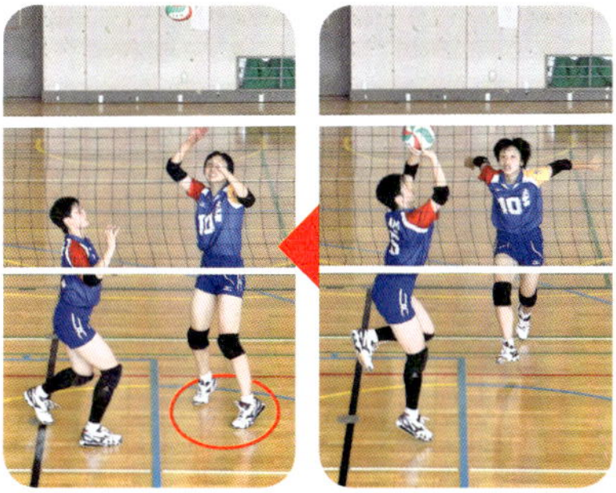

遅いタイミング

助走段階のアタッカーに向かってトスアップ。踏み切る前にトスを上げ、アタッカーはトスとブロックを見て打ち分けます。高さのあるアタッカーに有効。

Advice 2

レセプションが乱れたときこそBクイック!

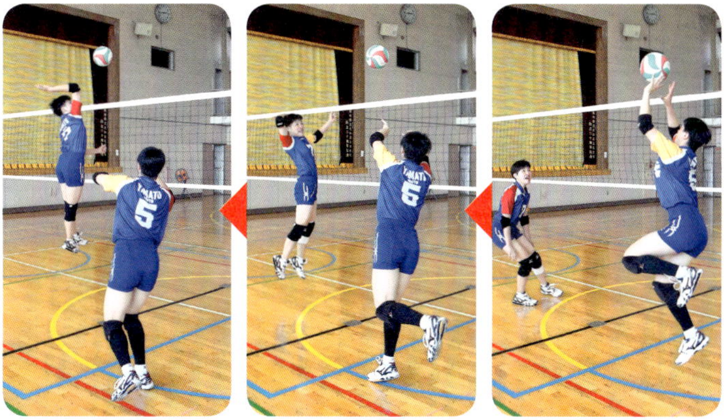

コンビが合わなかったときはフェイント等で対応する

離れた位置からでもスピーディーなトスを意識する

ネットから離れた位置からBクイックの準備

「クイックはないだろう」と思うような場所からBクイックを使うと相手は嫌がるもの。ネットから離れた所からのBクイックトスは「相手コートに入ってもいい」という意識でトスを上げましょう。

基本と同じフォームから ボールを送り出す バックトス

1 基本トス同様、
手は胸の前に置いて
構える

2

3 落下地点を判断したら
ボールをとらえにいく

攻撃の幅を広げるため、レフトへのトスと同じフォームでライトにトスを上げるバックトスを身に付けましょう。ボールの下に入ったら体を反らすようにして体重移動。引きつけた肘を伸ばすと同時に手首のスナップを利かせてボールを送り出します。

4 この時点でどちらに上げるかわからないフォームを心がける

5 肘を引きつけて頭上でボールをとらえる

6 体を反らすようにして肘を伸ばしてボールを送り出す

ぐんぐん上達！ワンポイント

Point 1 ボールを引きつけて手首の力で押し出す！

指全体を後方に向けるようにして
スナップを利かせる

親指と人指し指、中指で
ボールを支える

バックトスは、ブロッカーをギリギリまで引きつけるためにも、前方向のトス以上に手首の使い方が重要になります。ボールを親指に引っかけて後ろに押し出すように、手首を思い切り後ろに返しましょう。

Point 2 手首を返してボールを送る練習法

手首の動きが硬くて手首の返しがうまくできない人は、前方からセッターのオデコに向けて速いボールを投げてもらいます。ボールをとらえた後は手首の返しを使ってボールを後ろに送ります。慣れてきたらボールを出す位置を変え角度をつけていきましょう。

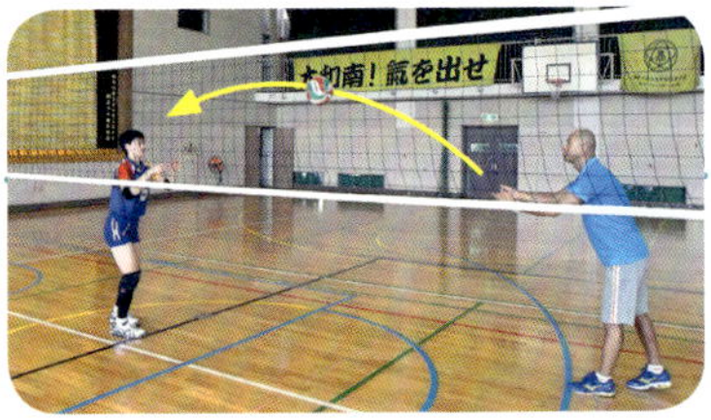

セッターと向い合い、スピードのあるボールを出す

スナップを意識してセッターはボールを送り出す

慣れてきたらランダム
にボールを投げたり
角度をつけていく

実戦で役立つ！アドバイス

Advice 1
トスを上げた後は体を回転させる！

トスを送り出した後は、ネット側に体を回転させてトスボールを見るよう意識しましょう。そうすることで体重移動がうまくいき、思ったところに上げやすくなります。また、ブロックフォローにもすぐに入ることができます。

トスを上げた後は送り出したボールを確認。早いタイミングで回転してしまうと相手に読まれてしまうので注意しよう

Advice 2
アタッカーが合わせられるCクイックトスを上げる！

トスを上げた後は、軌道を確認する

直線的ではなく空中に置くようなイメージで

スパイカーの掛け声に合わせてトスアップ

Cクイックは、セッターの背後にトスを上げるため、Aクイックよりもアタッカーがトスに合わせていくのが主流。アタッカーの打点をキープするため、高い位置で弧を描くイメージで置くようにトスを出しましょう。

どのポジションの選手も練習しておきたい二段トス

1 ボールの落下地点へ移動

2 下半身をしっかり沈めて
ボールをとらえる準備

レセプションやディグが乱れネットから離れた場所から上げるトスが二段トス。チームとしては苦しい状況ですが、そこから正確なトスを上げ、得点につなげられれば流れを引き寄せる転機にもなります。どのポジションの選手も使うプレーですから全員がマスターしましょう。

3 アタッカーの位置を視野に入れる

4 体全体を使ってボールを運ぶ

ぐんぐん上達！ワンポイント

Point 1
ネットよりも上で弧を描くように余裕を作る！

ネットに直線的に向かっていく二段トス、ネットに近いトスはアタッカーに余裕を持たせられない

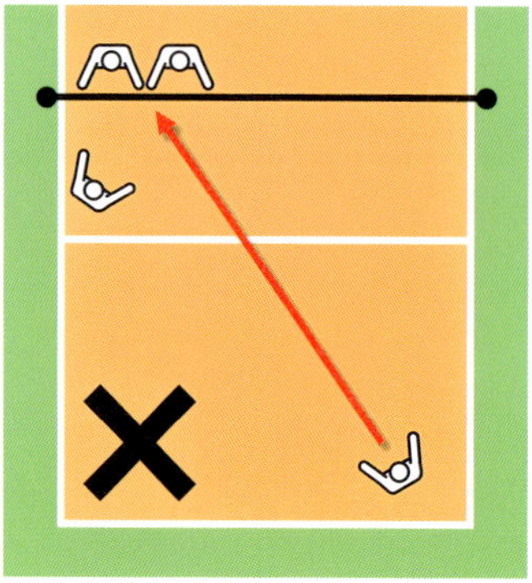

ネット上の白帯よりも上で弧を描くことでアタッカーが余裕を持って合わせられる

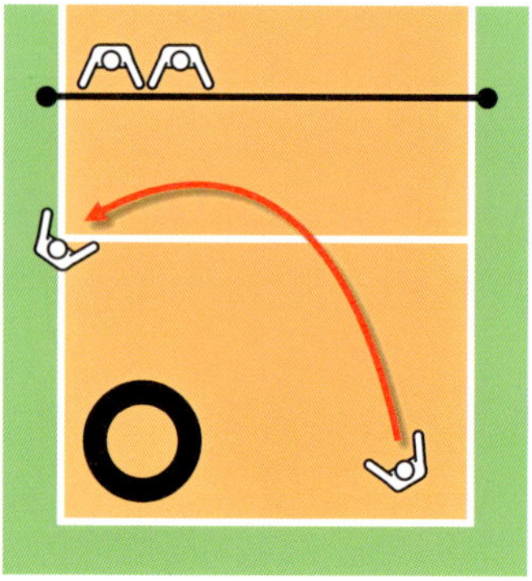

アタッカーは二段トスを打つ際、ボール、ネット、ブロッカーを視野に入れなければいけません。アタッカーが余裕を持って打てるよう、ボールの軌道は直線的ではなくネットよりも上で弧を描くように体全体を使って上げましょう。

Point 2
トスを上げたい方向に指先を向ける！

アンテナ方向にトスを上げる場合は、トスを上げた後に指先をアンテナ方向に向けることで正確な二段トスを上げられる

難しい体制からでも、狙った場所に正確なトスを上げるためには、手の指先をトスを持っていきたい場所にしっかり向けることが大事。ボールが手から離れた後は、その方向に体ごと向けるようにしましょう。

実戦で役立つ!アドバイス

Advice 1

下半身をしっかり使って体全体で運ぶ!

二段トスの場合もスパイカーが打ちやすいのは「死んだボール」です。アンダーハンドトスは、しっかり下半身を落として膝と腰でボールの勢いを吸収。手を振らないようにして無回転のボールになるよう丁寧に上げましょう。

ボールの方向は腕の面の方向で決まるので、腕の面は相手コートではなくアタッカーのほうへ向ける

Advice 2

実戦よりも負荷をかけた二段トス練習

コート外のボールを追いかけて、そこから二段トスにつなげていく練習。距離を離すことで、試合で想定される場面より負荷がかかります。ポジション関係なく対応できるようになれば、どんな苦しい場面でも攻撃チャンスに結びつけることができます。

コート中央からコート外にボールを投げる

ボールを追いかけて落下地点へ

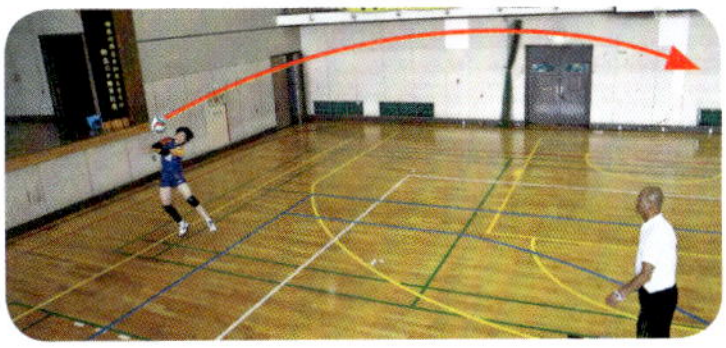

コート中央に向かって二段トスを上げる

実戦でためになる
コラム❻

予測力をつけることで動きに余裕を持たせられる

セッターはどれだけ多くの情報を見つけ、自分の中に取り入れられるかが大事なポジションです。相手ブロッカーやレシーバー、そして味方のアタッカーの情報をすべて把握してどこにどんなトスを上げるべきかを瞬時に判断しなくてはいけません。

周囲の情報を集めるためには、ボールから目を離すことが必要ですが、そこで重要になるのが予測力です。サーブが相手から打たれた瞬間にサーブの方向、それを受け取るレシーバーの力量やフォーム、腕の面の向きを確認し、どこにボールが返ってくるかを予測を立てていきます。ボールの動きが予測できるようになれば、ボールから長く目を離して、周囲の情報を多く得られます。

そうして余裕ができることで、セッターは体の向きや声を使ってフェイクをかけて相手ブロッカーを欺いたり、相手の守備網に穴があればツーアタックで落としたりと、相手との駆け引きでも優位に立てるのです。視野を広く保ち、アタッカーを最大限に活かすトスを心がけましょう。

Lesson 7

Practice

練習

練習／サーブ

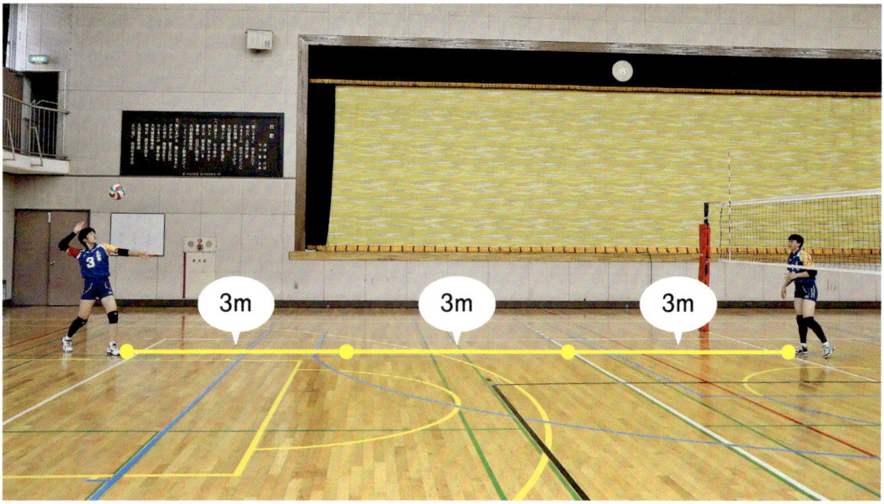

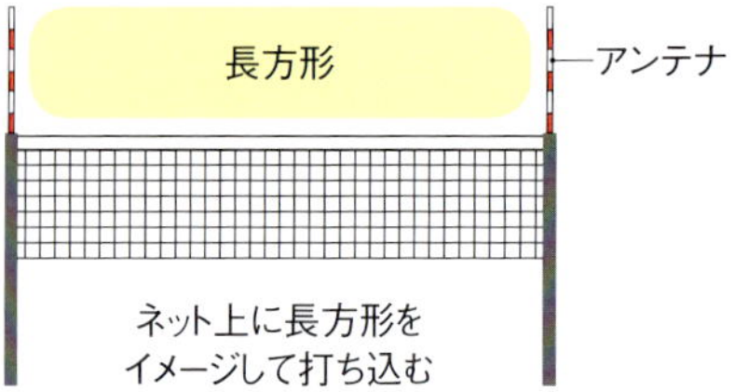

相手を崩す強力なサーブを身に付ける

練習の目的

少しずつ距離を伸ばしながら、初心者でも強力なフローターサーブを習得するための練習です。いきなりエンドラインから打ってもネットを越すのは難しいので、まずはネットに近いところから、「強く打つ」という意識で、しっかりとボールにミートします。

手順

ネットから3mほど離れたところに立ち、ネットの白帯の上に向かってサーブを打ちます。ボールの中心をしっかりと叩き、力強いボールがネットを越えるようになったら、3mずつネットからの距離を離してエンドラインに近づけていきます。

意識するポイント

まず、ネットの白帯を底辺、アンテナを両サイドの辺とする長方形の面がネットの上にあるとイメージ。その面に向かって思い切りボールをぶつける意識で打ちます。距離が離れても同様です。相手コートではなく、ネット上の通過点を意識することが大切。

頻度、目安

初心者用の練習なので、できるようになるまでは毎日行いましょう。ジャンプサーブにチャレンジする時にも同じ手順で練習しましょう。エンドラインから普通にサーブを打つ時も、「白帯の上の面にぶつける」という意識は持ち続けましょう。

サーブの狙いは「点」ではなく「線」で狙いにいく

練習の目的

サーブのコースを狙う練習。コースを狙う練習は、コートに目標物などを置いて狙いたいポイントに打つよりも、実戦をイメージするために選手を配置します。相手を崩すことを前提に練習していきます。

手順

コート内に３人から４人の選手を配置。サーバーは、レシーバーがミスを犯しやすい各レシーバーの肩口に狙いを定めてサーブ練習を行います。

意識するポイント

サーブの落下コースを「点」で意識するのではなく、狙うべくところは、立体化されている「選手」です。ボールが各選手の肩口を通過するように意識して、コースを狙っていくことがポイント。

頻度、目安

サーブの打数、相手を崩さなければいけない本数を設定。確率をフィードバックしていきましょう。また、ゲーム練習を行う際に各選手が意識して実践していくことが大切です。

肩口を狙うためには、ネット上のどこを通過するのか、確認して狙いを定めていこう!
YAMATO
10

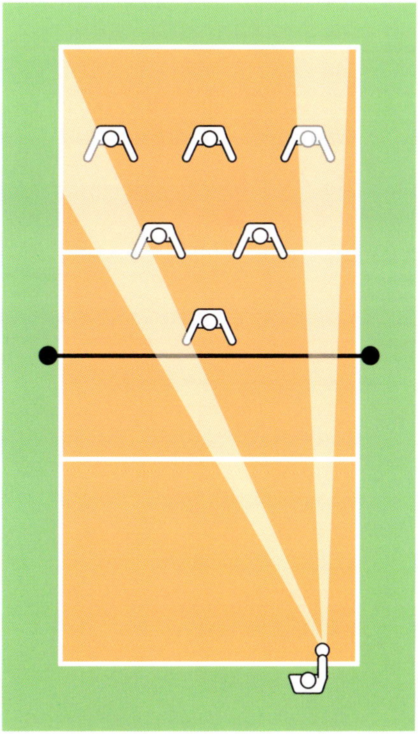

通過点をイメージしてコースを狙う

サーブの連続ミスを意識して防ぐ練習

練習の目的

試合の中では、サービスエースを取るなど連続でサーブを打つケースがありますが、2本目でミスをする選手をよく見かけます。それを防ぐために5本連続で集中して打つ練習をします。

手順

6対6でコートに入り、片方のコートからサーブを打ちます。どちらが得点を取っても、同じ選手が連続で5回サーブを打ち、それを6人で1ローテーションします。1人5点、6人で計30点とし、「サーブ側」対「受ける側」の対戦形式にすることで課題が明確になります。

意識するポイント

いいサーバーの条件は、相手のコートを観察して、狙い所をすばやく見つけられること。ミスをしないのはもちろんですが、相手のフォーメーションの弱点を見つけ、正確に打ち込む力を養いましょう。

頻度、目安

試合が近くなってきたら取り入れます。6人が1ローテーション回る（計30本）のが目安。攻守は入れずサーブとレセプションだけでやる場合は2ローテーション程度やってもOK。試合前はサーブ練習を多く取り入れていきましょう。

大和南！氣を出せ

サーブ側が負けて
しまった場合は、サーブ力の
弱さが浮き彫りになるので、
しっかり強化しよう！
YAMATO
10

先に大きい負荷を経験させて、少しずつ人数を一人ずつ増やし苦手意識を取り除く

先に大きい負荷を与えて苦手意識を克服

練習の目的

横の選手との連携を高める練習。個人のレセプション練習で基礎が身に付いたら、1人ずつ人数を増やし、お互いの守備範囲を確認しましょう。3人、4人と人数が増えるほど連携が難しく、崩れるケースも多いので、密にコミュニケーションを取りましょう。

手順

まずはコートに2人で入り、お互いの守備範囲を確認しながらレセプションを返します。連携ができたら3人、4人と人数を増やします。個々の力量がわかったら、守備範囲の広い選手がコートの半分をカバーするなど最適なフォーメーションを作っていきます。

意識するポイント

連携を高めるためにはまず声が大事。練習の時から、自分が取るのか、任せるのか、声で意思疎通を図りましょう。また、普段の練習から苦手な選手の守備範囲を狭くしてしまうと、その選手が上達しなくなるので、少人数での練習機会も設けましょう。

頻度、目安

試合が近くなるにつれて、レセプションに入る人数を増やして連携の精度を上げます。1人ずつでのレセプション練習は毎日。3本または5本返ったら交代する形式で2ローテーションほど行いましょう。

バスケットボールを使って手首を柔らかくする

練習の目的

オーバーハンドトスで、アタッカーの打ちやすい無回転のボールを上げるためには、手首のスナップが重要。その手首の使い方を習得するためには、バスケットボールのチェストパスが最適。特に手首の硬い人にはおすすめの練習方法です。

手順

２人でペアになり、バスケットボールのチェストパス（胸の前で両手でボールを持ち、相手の胸に向けて、手首を使ってボールを押し出すパス）を繰り返します。

意識するポイント

パスする時にボールに逆回転をかけるよう意識しましょう。そう意識することで、より手首を強く返すようになり、毎日繰り返すうちに次第に手首が柔らかくなります。

頻度、目安

セッターを始めたばかりの選手は繰り返し行いましょう。基本的にはセッターのための練習ですが、全体の練習に変化を加えたい時や、ウォームアップを兼ねて、他のポジションの選手が行ってもいいでしょう。

苦しい場面を想定してトスアップの練習

練習の目的　実際の試合になれば、セッターの定位置に正確なボールが返ってくることは少なく、乱れる場面が多くなります。どんな状況においても対応できるよう様々な負荷をかけたトス練習を行います。

手順　指導者がネット際ギリギリのボールや、ネットに当たって跳ね返るボール、逆にネットから離れたボールなど様々なボールを投げ、セッターがトスします。わざとセッターのスタートを遅らせて、そこからすばやくボールの下に入る練習も有効です。

意識するポイント　指導者は試合での様々なケースを想定してボールを投げます。セッターは速くボールの下に入ることを意識しましょう。オーバーで上げるのかアンダーで上げるのかのすばやい判断も重要です。

頻度、目安　普段から数多くやる練習ではなく、試合前に、試合での感覚を養うために行う練習。試合の1週間ほど前から取り入れます。30本×2セット程度、合計50～100本。他の選手がレセプション練習をしている間など、時間を見つけて行います。

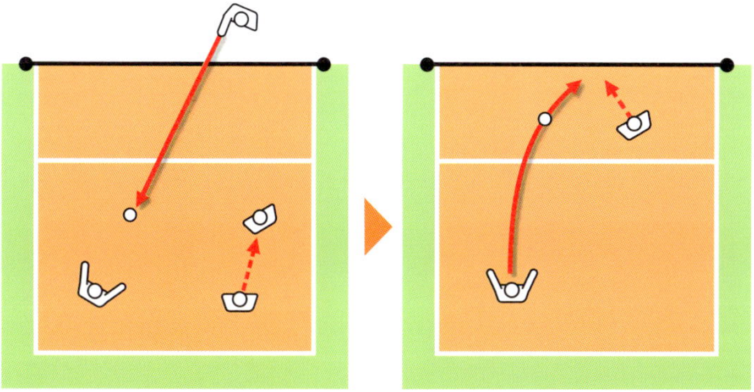

後衛の場面を想定。通常のセッティングは、レシーバーの方向にボールがいった時点でネット際に移動スタート。早めに出れば、余裕でボールの下に入ることができる

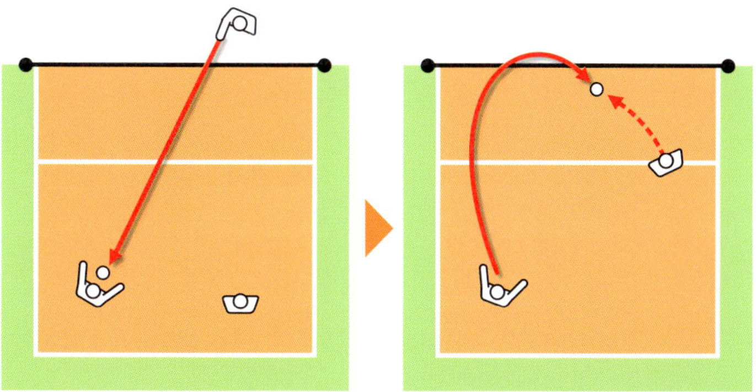

負荷をかける場合は、レシーバーがボールをとらえるまでその場で待ち、レシーバーがボールを送り出したらネット際に移動。最初は追いつけないので、レシーバーはパスを高めに上げるところから始める

状況を見極めて相手の隙をつくツー攻撃

練習の目的

「このセッターはツー攻撃をしてくる」と相手に思わせることができれば、ブロッカーがマークしてきます。その分、アタッカーが楽になりますから、ツー攻撃は習得しておきたいテクニック。練習を重ねて、タイミングやボールの落としどころをつかみましょう。

手順

指導者がネット際にボールを投げ、セッターがツー攻撃を行います。投げられたボールを見て、ボールの軌道を変えずに押し込んだり、強く打ち込んだり、ブロックがついたらその裏に落とすなど、状況によって有効な攻撃を選んで実行。その判断を養う練習でもあります。

意識するポイント

まずはツー攻撃をできるボールかどうかを判断することと、タイミングをつかむことが大事。「こういうボールはツー攻撃をすればいい」「ここは押し込むだけ」「このボールはツーは無理だからトスを上げる」というように、まずはツー攻撃に適したボールを覚えましょう。

頻度、目安

10本×2セットが目安。練習前に遊び感覚で軽く取り入れるカタチでもOK。

オーソドックスなツー攻撃

ネットと反対側の手を使うことでブロックされにくい。
レセプションからのボールの流れをそのまま利用してタッチする

1 トスアップの準備

2 ネットと反対側の手でボールの端をタッチ

3 スナップをかけて相手コートに落とす

ネット側の手で送り出すツー攻撃

1 クイックトスに見せかけて
ボールをとらえる準備

2 ボールを後方に
はたくイメージで

3 スナップをしっかりかけて
ボールを送り出す

ブロッカーを引きつけておいて、
ネット側の手でボールを背後に送り出す。
ブロックに叩かれないように注意して
すばやく後方へ手首を返す

右手、左手、それぞれ
片手でボールをとらえて
ボールを送り出すところから
練習していきましょう!
YAMATO
10

バックトスを利用するツー攻撃

1 ボールの下に入る

2 トスアップの準備

3 相手コートにバックトスを送り出す

バックトスを利用して
相手の隙をつく。
両手でボールをとらえて送り出すため、
初級者は取り組みやすい

両手で行うツー攻撃は、
スピード重視。
ギリギリまで引きつけて
すばやく相手コートに
ボールを落としましょう!
YAMATO
10

ネットから離れた位置のツー攻撃

1　しっかりボールの下に入る

2　レフト方向を向いたままトスアップ

3　体を回転させて相手コートへ
ボールを送り出す

ネットから離れた位置で
二段トスを上げようと見せかけて
相手のコートに
すばやくボールを落とす

Lesson7

練習／アタック

体重を乗せて止まったボールをしっかりミートする

練習の目的

体重を乗せてスパイクを打つ練習。レフト、ライトどちらでも正確なミートができるように左右両方からボールを投げてもらい、どの方向からボールがきても打てるようにしましょう。

手順

ジャンプせずに立って構え、近くから投げてもらったボールを、中央、右、左と打つコースをイメージしながらしっかりとミートします。右を見て左に打つなど、向いた方向と逆に打つ応用にもチャレンジしましょう。

意識するポイント

ミートした後、手のひらが下を向くようにして手首を返すことを意識します。ボールをとらえるときはスイングの構えよりも肘の位置が高くなるようにミート。そうすることで肩甲骨も上がり、ボールに体重が乗るようになります。

頻度、目安

普段のスパイク練習の前に、5本連続を2セットまたは3セット。意識すれば毎日の対人練習の中でもできますし、自分でボールを投げて1人で練習することもできます。

クロス・インナー打ち

レフトからのクロス、
インナー打ちは、
右肩の手前でボールの
左端をとらえてスイング。
しっかり腕を振り切る

1

2

ストレート打ち

レフトのストレート打ちは、
ボールが顔の前まで
くるのを待ってボールの
右端をとらえてスイング

1

2

どのコースに打つ際も
ボールをよく見て
体重を乗せてスイングしよう!
YAMATO
10

通常のトスの半分くらいの高さのトスに対して、小走りで助走しタイミングを合わせていく。
トスを少しずつ低くしていくとクイック攻撃の練習になる

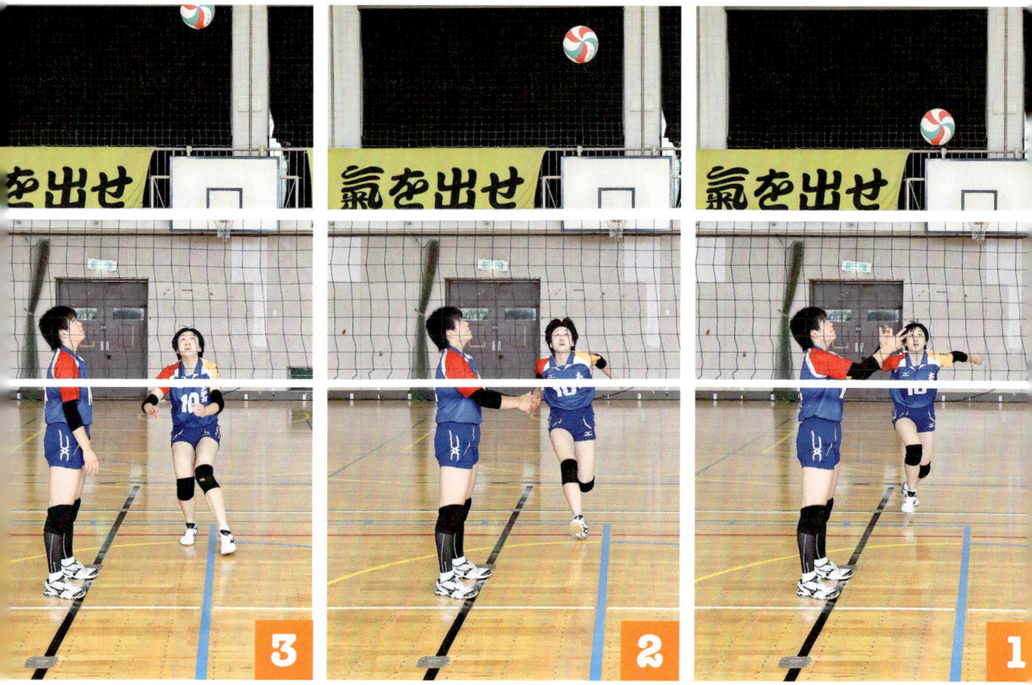

低めのトスから徐々に
タイミングを合わせていく

練習の目的

初心者のスパイク練習は、低めのボールを打つ練習から始めます。高いオープントスはボールが落下する時の速度が速くなるため、実はタイミングを合わせるのが難しいもの。まずは低めのトスで慣れ、その後オープンスパイクやクイックなどに挑戦していきましょう。

手順

ネットの前で通常のトスの半分くらいの高さのボールを投げます。初めてスパイクを打つ人は、まずはジャンプしてネットより高いところでボールをつかみましょう。タイミングをつかめたら打っていきます。慣れたら、セッターが上げたトスを打ち始めます。

意識するポイント

打ち始める前に、まずは助走のステップを数多く練習して、リズムを身に付けることが大切です。ボールを使う前に、ジャンプして上で自分の手のひらを打つ練習を取り入れても効果的。助走、踏み切り、スイングの一連のリズムを体にしみ込ませましょう。

頻度、目安

初心者はスパイクの助走、タイミングをつかめるまで練習に取り組んでいきましょう。

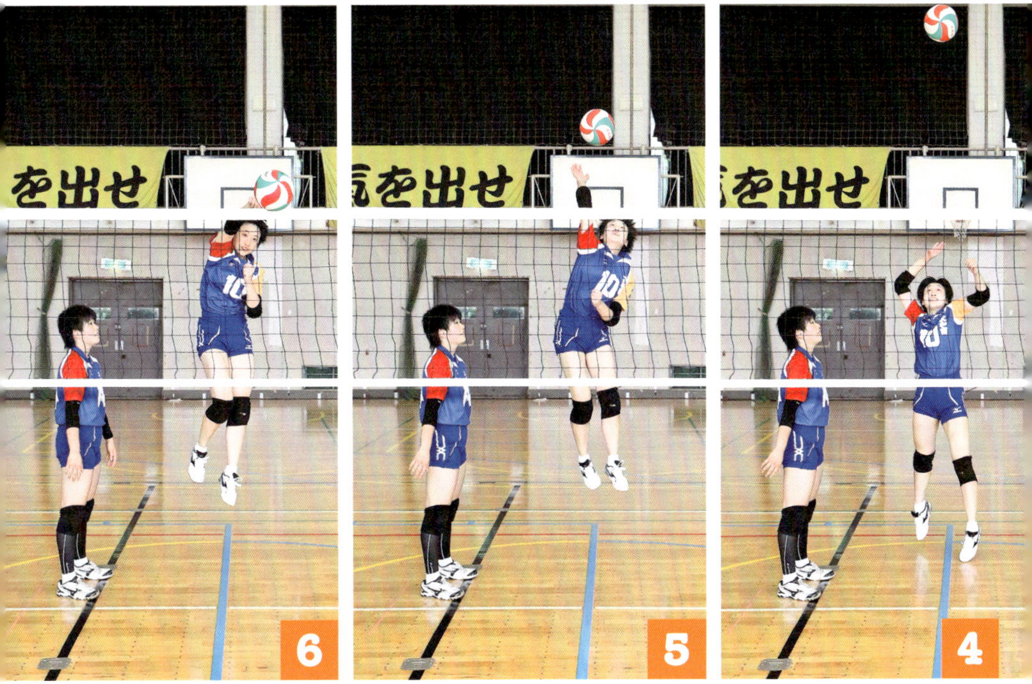
6
5
4

ジャンプの
最高点でボールを
とらえることが大切!
YAMATO
10

通常のトス。
トスが高いとボールの
落下速度が速くなるので、
初級者は助走を合わせるのが
難しくなるので注意

助走の向きを変える

意識するポイント 斜めに助走に入っても、体の軸をぶらさずに高い打点でボールをとらえましょう。また、実戦感覚でブロックがいることをイメージして、「こういう助走でブロックをかわして、こっちに打とう」というように目的を持って行うことが大事です。

頻度、目安 毎日の打ち込みの中で行います。例えば1人が10本打つとしたら、最初の4本はフォームチェックをしながら普通にまっすぐ打ち込み、残りの6本はブロックを想定し、助走の角度を変えて打ち込みましょう。

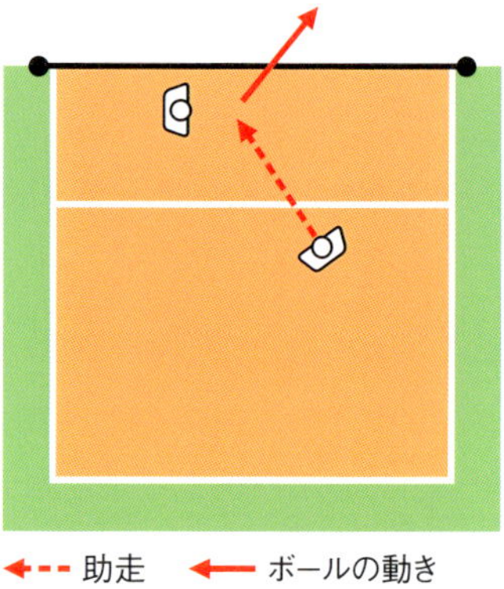

右から左への助走

セッターの背後から助走をスタート。
セッターが上げたボールに飛びつくように打つ

左から右への助走

ネットの中央に向かって移動。
セッターに向かって
ジャンプするように踏み込む

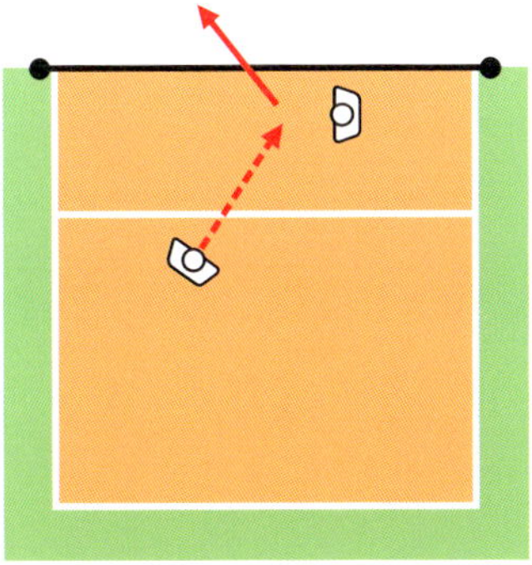

←--- 助走　← ボールの動き

ブロックを惑わすために

練習の目的　相手ブロックを惑わせるには、打つコースを変えるだけでなく、助走の向きを変えることも有効。通常の助走以外にも、様々な方向から助走に入ってスパイクを打てるように日頃から練習しておくことが大切です。

手順　セッターのトスに対して、アタッカーはコートの外側から中側、中側から外側と助走の向きを変えて入り、スパイクを打ちます。トスは、直上トスなど高めから練習。ただまっすぐに入って助走して打つのと、助走の入り方を工夫しながら打つのとでは得るものがまったく違います。

3

4

タイミングが合うようになれば、
どんなボールもカバーできる力が
身に付くので練習を重ねよう!
YAMATO
10

意識するポイント

助走の距離が長くなるとタイミングを合わせるのが難しくなりますが、肝心なのは最後の一歩を合わせること。最初はトスを見ながら小走りで進み、最後のワンステップで力強く踏み切ります。

頻度、目安

ネットから距離があることで、アタッカーはボールと周囲を視野に入れながら助走を行います。週に1回、5～10本程度、判断力や対応力を養うために取り組みましょう。

エンドライン付近から助走スタート。
アタッカーはトスとの間合いを詰めるときにボールの位置を確認しながら
相手コートを視野に入れることを心がける

エンドライン付近から走り込んで打つスパイク

練習の目的

エンドライン付近から走り込むスパイク練習。長い助走から打つ練習をすることで、時間差攻撃や移動攻撃に応用できます。また、試合の中でトスが短くなってしまった時に、レフトから中に走り込んで打つなど、とっさの場面にも対応できる力が身に付きます。

手順

セッターはネットの前に立ちます。アタッカーはエンドラインの手前から助走に入り、アタッカーがコート中央にきたら、セッターはボールを投げます。アタッカーはタイミングを意識してスパイクを打ちます。

3

大和南！氣を出せ
4

7

8

走りながら一度相手コートに目をやり、ブロックを見渡せるクセをつけておこう!
YAMATO
10

意識するポイント

ブロード攻撃は、バスケットボールのレイアップシュートの動作と非常に似ているので、ネットの上からダンクシュートをするような意識で取り組んでみましょう。踏み切る時は、右膝を引き上げてジャンプし、肘を上げて、高い位置からボールを投げましょう。

頻度、目安

ミドルブロッカーの選手はできるようになるまで練習します。他のポジションの選手も、いろいろな場面に応用できるので時々は行います。練習前に遊び感覚で行ったり、ウォーミングアップの中で取り入れてもいいでしょう。

ボールを受け取った後は片手に持ち替えて、
スピードを落とさずアンテナに向かって走ってジャンプ

ボールキャッチからブロードを身に付ける

練習の目的

コート中央からライト側に走って打つブロード攻撃は、ワンレグ（片足）で踏み切る特殊なスパイク。いきなりトスと合わせるのは難しいので、最初はボールを持って助走し、ステップと踏み切り、打つタイミングを、投げる動作によって身に付けましょう。

手順

ネットの前からボールを出してもらい、スパイカーはボールを受け取りそのまま助走。右手でボールを持ってジャンプし、ネットの向こう側へボールを投げます。ボールを渡す人がいない時は、自分でボールをバウンドさせてからボールを受け取って走り、１人で練習することも可能です。

トスやディグが乱れたときの対応力を身に付ける

練習の目的

トスが乱れたときに用いるネット際のプレーは非常に重要です。例えばセッターのトスミスも、アタッカーがネット上でうまく処理してカバーできれば、セッターは助かり相手にとっては嫌なものです。練習の中でタイミングや駆け引きをつかみましょう。

手順

ネットを挟んで選手が1対1で向かい合い、第三者がネット上にボールを投げます。両者はネット上で押し合い、どちらが相手コートに落としたり、コートの外に押し出せるかを競います。助走をつけると危ないので、ワンステップでジャンプします。

押し合いの練習

空中のボールに対して同時にボールをさわりにいく。
下からボールを押し上げるようにして、押し負けないようにする

リバウンドの練習

相手のブロックを利用できると判断したら、リバウンドをとりにいく。
ボールを下から押し上げて跳ね返ってきたボールの落下コースを確認してレシーブ

意識するポイント

ジャンプ力も必要ですが一番大事なのはタイミング。相手よりもわずかにタイミングを遅らせて、相手の落ち際に下から押し合って外に出します。ネット際のプレーは「勝たなくても、負けなければいい」もの。リバウンドを取って次のプレーにつなげられれば上出来です。

頻度、目安

力の加減やタイミングをつかむまで練習の回数を重ねましょう。少しずつ感覚をつかんできたら、週1、2回でOK。スパイク練習前にウォーミングアップも兼ねて遊び感覚でやってもいいでしょう。

Lesson7

練習／ブロック

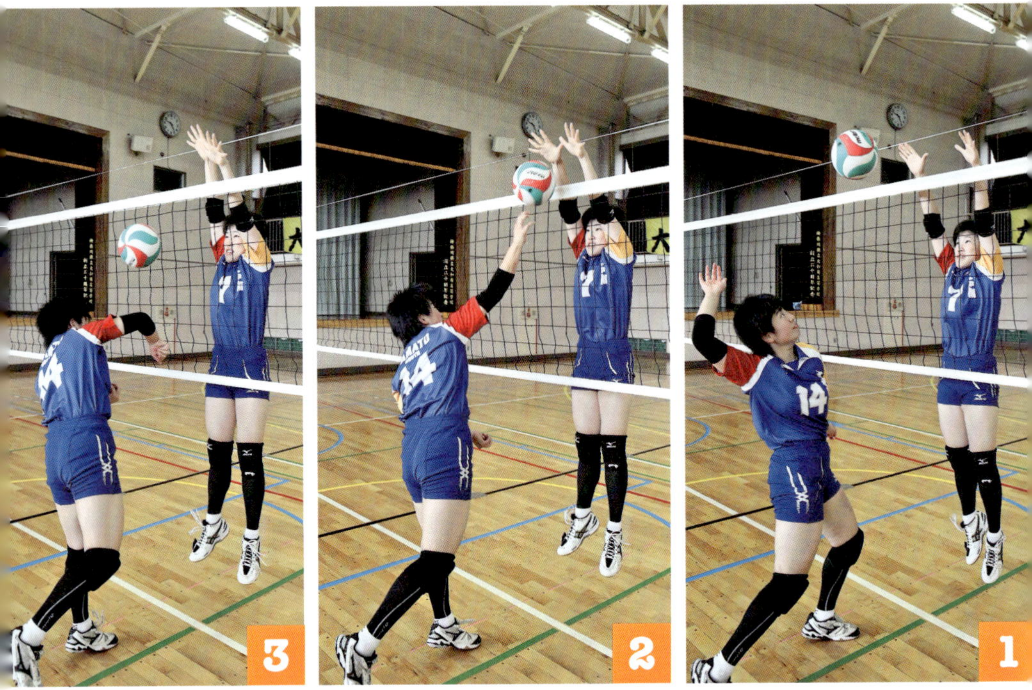

低い位置からボールを打って基本フォームを身に付ける

練習の目的

ブロックする際、相手の強いスパイクにははじき飛ばされないためには、ネットよりも前にしっかりと手を出さなければいけません。下から打ったボールをブロックすることで、その正しい基本フォームを身に付けます。

手順

1対1でネットを挟んで向かい合います。1人はジャンプせずにネットの白帯の下からボールを打ち、もう1人がブロック。打つ人はわざとブロックにぶつけて、シャットアウトする感覚をつかめるようにします。

意識するポイント

手をしっかりと前に出し、手のひらを下に向ける基本フォームを意識しましょう。高い位置から打たれると、ブロックする選手は上を向いてアゴが上がり、腕をあおってしまいます。下からのボールに対しては自然と正しいフォームでブロックできるので、この練習を繰り返しましょう。

頻度、目安

ブロック練習のウォーミングアップ、基本のカタチを体にしみ込ませるために5本×3～5セットを毎日行います。

状況を判断してボールをダイレクトで処理する

練習の目的

相手のレセプションミスなどでダイレクトボールが返ってきたときは、即１点につなげられる大チャンス。相手にダメージを与えるためには絶対にミスできないプレーです。チャンスを確実にモノにするために、練習でしっかりとタイミングをつかんでおきましょう。

手順

選手はネットの前で構え、指導者が反対側のコートから、ネットの上にボールを投げ上げます。最初は正面に投げ、タイミングをつかめたら、両サイドにずらしたボールを投げ、移動して処理する練習も行います。

意識するポイント

相手をよく見て人のいないところに落とすのが鉄則。ネット際のサイドが狙い目です。速く返ってきたボールはブロック、浮いたボールはスパイクを打つなど状況判断も重要。ダイレクトスパイクは手首だけで打ち、タッチネットをしないために手は打った後すぐ戻しましょう。

頻度、目安

普段のブロック練習前にウォーミングアップを兼ねて行ったり、試合前に実戦感覚を養うために行います。正面に３～５本、サイドに少しずらして３～５本をそれぞれ２セット程度。

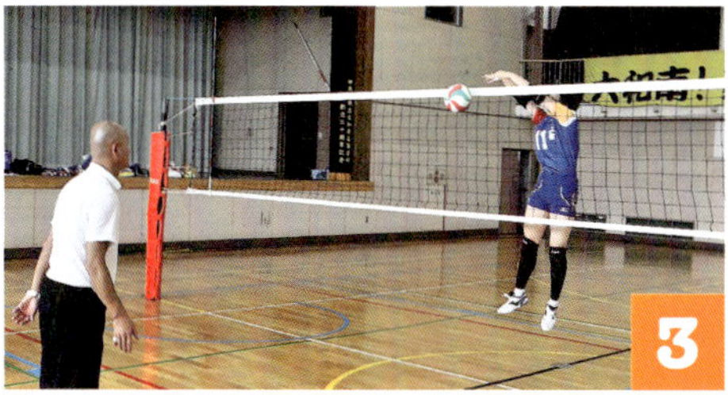

ネットから
離れた位置から
ボールを投げて
判断力や対応力を
身に付ける

ネット際の両サイドが狙い目

ネット上にゴムを張って
基本フォームを身に付ける

練習の目的

ブロックは腕をあおるようにして上からかぶせてしまうとその分、ロスが出てしまいます。ネットの白帯の上にゴムを張り、白帯とゴムの間から手を出すことで、動きに無駄のないブロックフォームを身に付けることができます。

手順

両サイドのアンテナにくくりつけて、ゴムを張ります。選手がブロックジャンプした際、手首のあたりにゴムがくるように高さを調整してください。選手は白帯とゴムの間から手を前に出してブロックジャンプします。

意識するポイント

ネットの白帯に沿って、ゴムに当たらないようにスムーズに手を出します。アゴが上がらないように注意し、手をしっかり前に出して、一瞬空中で止まるような意識でジャンプしましょう。

頻度、目安

基本を身に付ける練習なので、できれば毎日、ブロック練習にコンスタントに取り入れていきましょう。

ゴムの下に腕を通す
フォームが身に付けば、
自然に手をネットの前に
出せるようになる

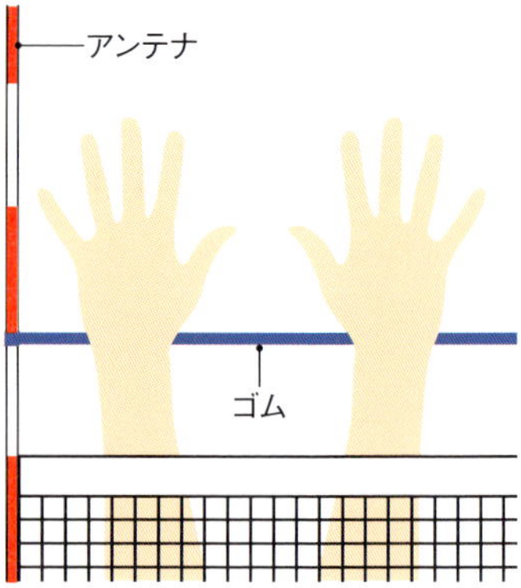

ブロッカーの手首の位置に
ゴムがくるように調整。
白帯からおよそ
10cmから15cmあたり。
アンテナの色分けを目安にする

恐怖心が生まれないフライングレシーブ練習

練習の目的

フライングレシーブを習得すると、守備範囲が大きく広がります。まずはフライングの恐怖心を取り除くために、手をついた状態で体の使い方を覚えましょう。空いている時間や自宅でも一人でできる練習です。

手順

両手を床について、両足を蹴って浮かせ、体を反らせて胸から順に床につけていきます。この動作ができるようになったら、ボールを投げてフライングする練習に移ります。

意識するポイント

思い切って両足を浮かせることがポイント。怖がって片足をつけたまま行うと、体が反らないのでうまく滑り込みができず、体を床にぶつけてかえって恐怖心をあおってしまうので注意しましょう。

頻度、目安

体を浮かせてボールが取れるようになるまで行います。フライングレシーブは間に合わないときの最後の手段。初めにフライングレシーブを覚えてしまうと、走って取れるボールもフライングしてしまうので、まずは足を動かしての走り抜けレシーブを習得しましょう。

基本の要素がつまった対人パスを工夫する

練習の目的

日々の対人練習も、距離を長くするだけで練習に違った意味合いが出てきます。打つ人はしっかりと体を使ってボールを打ち、レシーバーは、距離がある分、足を動かして拾う練習になります。それに加えて3人、4人での対人は、すばやい準備や判断が必要になります。

手順

2人での対人練習の時は、打つ側拾う側を交互に行います。3人の時はトライアングル、4人はスクエアになり、つなぎ役が入ります。打つ人はどの相手に打っても構いません。

2人対人レシーブ

コート幅9mくらいの間隔を空けて行う。
レシーブもトスも距離があるので、体を大きく使うのがポイント

3人対人レシーブ
（セッター付き）

レシーバーはセッターにボールを返すようにコントロールする。
セッターを動かさない正確なレシーブを目指す

3人対人レシーブ

三角形のカタチになり、レシーブに入らない選手は、トスやつなぎをしっかり行う。
一人増えたことでいろいろな角度からボールがくる

4人対人レシーブ

四角形のカタチで行う。
ボールを打つ選手に対して、ボールをさわっていない選手はレシーバーに対して体を向けて反応できるように準備

意識するポイント

3人、4人での対人は、次のプレーへの準備がポイント。実戦と同じように、打つ人はフェイントを入れたり、どこに打ってくるかわからないので、全員がすばやく打ち手の方に体を方向変換して構えます。トスを上げた人もすぐに構えなければいけません。

頻度、目安

基本プレーがぎっしり詰まった対人パスの質は、まさにチームのレベルをそのまま表します。基本のフォームを意識できる対人パスは毎日の習慣として3分を1セットとして2セット行いましょう。

前方のボールに対してのローテーション

常に足を止めずに走り抜ける 3人レシーブ

練習の目的 コートの空いたスペースに出されたボールを3人の選手で連携をとりながら、コートを守る練習。選手の足が止まらないように、指導者が空いたスペースにリズムよくボールを出してあげることも大切です。

手順 指導者はコートの空いたスペースを見つけ、ゆるいボールを出します。選手は1回で指導者に返球します。

意識するポイント 大事なのは選手同士のコミュニケーション。「私はここに入る」「後ろをお願い」というように声を掛け合いながら、誰かが走り抜けて空いたスペースを他の選手が埋め、3人が一定の距離感を保ちながら続けましょう。

頻度、目安 時間設定で行う場合は3分が目安。初心者は1分か2分。本数設定で行う場合は10本で交代。試合前によく行う練習です。

レシーバーはコートの
穴を埋めるという意識で
足を動かしていこう!
YAMATO
10

氣を出せ
神奈川県立大和南高等学校
3

6

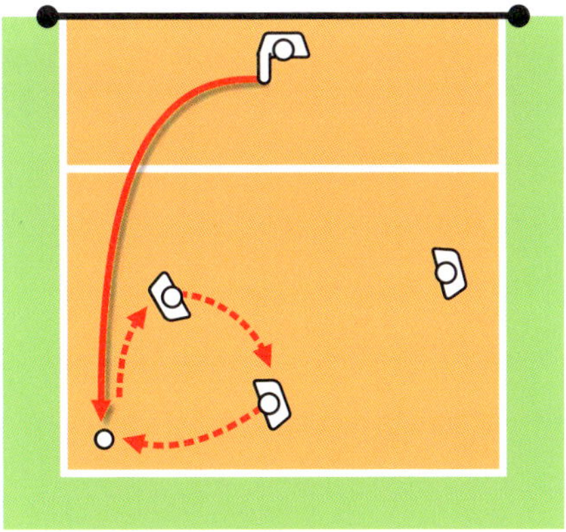

後方のボールに対してのローテーション

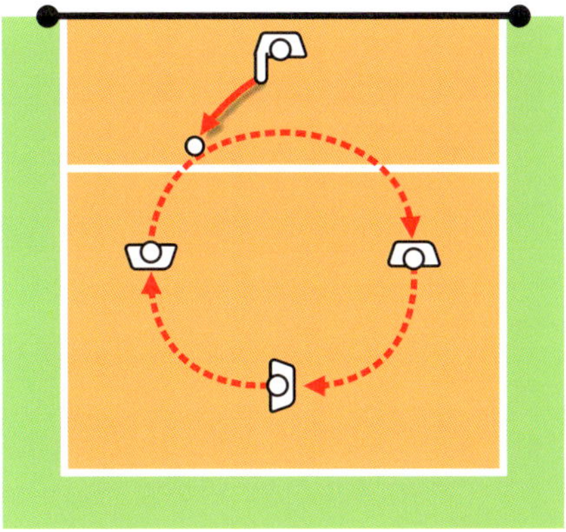

前方のボールに対してのローテーション

コート外のボールを拾って持久力とパス力を高める

練習の目的

ブロックのワンタッチなどで、コートの外にはじかれたボールを拾う練習。コートの外までダッシュしてボールを上げるハードな練習のため、運動能力を高める目的も兼ねています。

手順

選手は2人ペアでエンドラインの外に立ち、指導者がコートの外にボールを出します。1人が追いかけてコートの外からボールをレシーブして、もう1人がトスを上げます。

意識するポイント

遠い距離のボールをレシーブして通常よりも負荷がかかることで、パス力がついていきます。トスを上げる選手はレシーバーがコート内にボールを戻せそうにないと判断したとき、レシーバーのそばについていき、正確な二段トスを上げられるように準備しておきましょう。

頻度、目安

2人で10本×2～3セット。日常的に行う練習ですが、鍛練期に特に多く行います。プレーしたことのない体育館などではコート周辺の感覚をつかむために取り入れましょう。

走りながらも、
どこにトスを上げればいいか、
周辺を視野に入れながら
走ろう!
YAMATO
10

レシーバーはエンドラインの外からスタートし、コート外のボールをレシーブしにいく

1

2

3

前衛はあえてブロック１枚にして守備を強化。
実戦においてブロックをふられてしまった場面を想定する

ブロックがふられて 1枚になったときの守備練習

練習の目的

相手の攻撃に翻弄されてブロックが１枚になってしまった場面の守備練習。レベルが高くなるほど相手の攻撃が速くなったりコンビが複雑になり、ブロックが１枚になるケースは多く、そこで拾えるかどうかが勝敗を左右します。

手順

６対６でコートに入ります。ブロックが１枚だけつく状態でラリーを繰り返します。

意識するポイント

ブロック１枚の状況は、守備陣にとって負荷がかかります。相手アタッカーがどこに打ってくるか、判断力や予測する力を磨きながら、ポジショニングを行います。実戦練習ですから、守備の選手だけでなく、攻撃側も決められるように工夫しましょう。

頻度、目安

４分×４セット程度。「１枚になっても拾って点数につなげるんだ」という強い意識と自信をつけるための練習です。

2対2で攻守の切り替えを意識する

練習の目的

ボールコントロールができるようになったら、守備から攻撃への流れやスパイクの組み立てを学ぶ練習に挑戦。特にエースと呼ばれる選手は連続でスパイクを打つ場面が多いので、緩急をつけることが必要。この練習の中で身に付けましょう。

手順

セッターとアタッカーの2対2で行います。セッターがトスを上げ、アタッカーはレフトからクロスにスパイクを打ち、相手コートのアタッカーがディグ。そのボールをセッターがトスし、アタッカーは同じようにレフトからクロスに打って攻防を繰り返します。

意識するポイント

アタッカーは、1本目はレシーバー正面への強打、2本目は前に落とす、というように緩急を交互につけて打ち、攻撃の組み立てを覚えます。組み立てを覚えることが第一の練習ですから、最初はネットを少し低くして行ってもいいでしょう。

頻度、目安

アタッカーの組み立てとして「打つ、落とす、打つ、落とす」の4本を1セットずつ行います。アタッカーは攻撃したらすぐに守備の準備に入るクセをつけていきましょう。

YAMATO
10
コートに2人しかいないので
「攻撃したら守備」
「守備をしたら攻撃」と
スムーズに次のプレーへ
移行することが大切!

大和南！氣を出せ
神奈川県立大和南高等学校

1

レシーブしたらすぐに攻撃の準備に入る

2

守備側は
相手アタッカーの
クロスコースに
入って守備

3

アタッカーは
打った後、
すぐに守備の準備

4

守備側は
ボールをつないで
攻撃体制に入る

コート奥からバックアタックの体制

手前コート、レフト後衛の選手がレシーブ

セッターがセットアップ

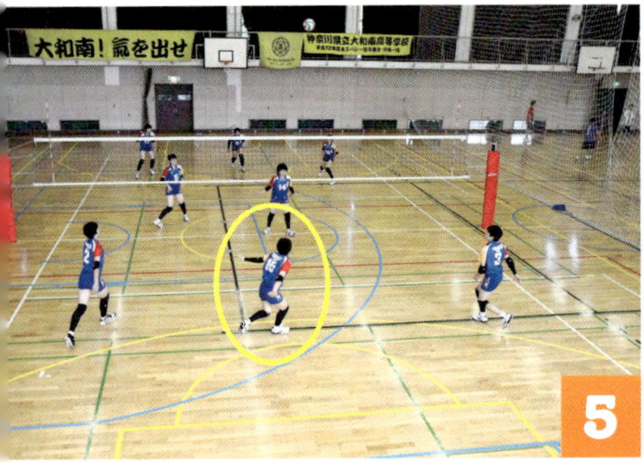

センターの選手が助走に入る

バックアタックの攻防戦で駆け引きを身に付ける

練習の目的 攻撃がバックアタックに限定されるためラリーが続きやすく、プレーしている選手が楽しめる練習。バックアタックの攻防を繰り返す中で、相手コートの狙いどころやレシーバーとの駆け引きの方法を覚えましょう。

手順 前衛にセッター、後衛にアタッカー3人の計4人ずつがコートに入ります。セッターがトスを上げ、アタッカーがライト、センター、レフトからバックアタックだけで攻防を行います。

意識するポイント この練習はブロックがないので相手レシーバーとの勝負。1つ目のポイントはまずしっかりジャンプしてスイングし、強打を打つこと。2つ目は強打と緩い球を混ぜて揺さぶること。3つ目は、右に向いて左に打つなどの工夫をして、相手レシーバーの重心を逆にかけさせます。

頻度、目安 週に1回程度。1ゲーム3分間の時間設定で行います。バックアタックの練習をすることでスイング練習になりますし、ネットから離れたボールへの対応力が身に付くのでしっかり練習しておきましょう。

セッターがボールの下に入る

勢いをつけてバックアタックを打つ

体の向きとは逆に攻撃

アタッカーは後衛から難しい体制での攻撃となるが、体の向きと逆のコースに打つなどちょっとした工夫でレシーバーの隙を作れるのでそこを狙っていく

コート中央を狙う

ネット際を狙う

強打なしゲームで穴を見つけて仕掛けていく

練習の目的

強打を使わずに、フェイント、プッシュなど軟打だけでゲームを行います。相手コートの穴を覚えるために非常に効果的な練習です。また逆に、相手のスパイクを読み、緩いボールを正確にディグする練習にもなります。

手順

6対6でコートに入り、一方のコートにチャンスボールを入れて、そこから強打なしでラリーを展開。ボールが落ちたらローテーションします。

意識するポイント

どこを狙えば得点につながるのかを見つけ、そこに落とせる技術を身に付けます。「強打はない」という条件のため相手レシーバーは緩い球に備えていますが、不利な中でも前後に揺さぶったりコーナーを狙うなど工夫をして、ボールが落ちるツボを見つけましょう。

頻度、目安

週に1回、ローテーション2周程度。試合が近くなったら多めに行います。

ストレートコースを狙う

1

2

コートの奥を狙う

1

2

レシーバーは足を止めずに
常に走って
ボールを拾いにいこう!
YAMATO
10

セッターはレフト側に上がったレセプションを追う

ボールの落下地点に入る

ボールを引きつけてライト側へ送り出す

ライトのアタッカーは助走体制へ

レセプションが乱れるのを想定しておく練習

練習の目的

通常、セッターの定位置はコートのライト寄りですが、試合の中ではレセプションがレフト側にずれることも多くあります。試合の中でとっさに、そこからでもコンビを組むことができるように、そうした場面を想定した練習をしておきましょう。

手順

6対6でコートに入り、一方のコートにボールを入れて、レシーバーはわざとレフト側にボールを上げます。セッターはすばやくボールの下に入り、コンビを組み立てます。

意識するポイント

相手ブロッカーが動いてできたスペースから攻撃を仕掛けることがポイントです。セッターがレフト側に走ると、相手のミドルブロッカーもそれについて動き、まん中のゾーンにスペースができるため、センターからの攻撃が有効になります。

頻度、目安

試合が近い時期など、チームの戦い方のオプションを増やすために行います。

ライトへトスを上げるコンビネーション

セッターはトスアップ

ブロッカーの背後やサイドライン側が狙い目

セッターの時間差を使ったコンビネーション

レフトからあえて難しいセンターやライトへトスを上げるコンビネーション。ブロッカーの意表をつくことが目的

実戦でためになる
コラム⑦

実戦を想定したメニューを順序立てて取り組んでいく

練習はチームや選手のレベルに合わせたものをコツコツと、段階を追ってやっていくことが大切です。最初から難しい練習をすると、できなくて苦手意識を持ってしまいますし、実戦で役立たない練習をしても仕方がありません。

日々の練習では、自分たちが苦手だなと思うプレーや相手に仕掛けられたら「嫌だな」と思うプレー、苦しい場面を想定したプレーは、必ずマスターしておくことが大切です。

例えば攻撃に関しては、指全体でボールをタッチしてすばやく下に落とすタッチ攻撃や低めのトスから仕掛けるフェイント攻撃は有効。とくにタッチ攻撃は、スイング動作がなく、レシーバーはコースが読みづらいという利点があります。コートの奥も狙っていける攻撃ですので、トスのタイミングが合わなかったときやネット際での処理において、相手レシーバーの意表をつくことができます。

ボールをすばやくタッチして、前後左右にコントロールできるようにタッチ攻撃を身に付けましょう。

Lesson 8

Formation

戦術

攻撃コンビネーションの組み立て

ラリーの中でどこまで
幅広いコンビネーションを
使えるかがポイント!
YAMATO
10

動きに迷いのない
コンビネーションを作る

コンビネーションの目的は、ブロッカーのマークを外して自分たちに有利な攻撃スペースを作り出すこと。スペースを作り出すためには、「どのスパイカーがどんな攻撃をしたら決まりやすいか」「自分たちがどんな攻撃をしたいのか」を明確にしていくことがコンビネーションの前提になります。多少のリスクを負いながらもその裏付けを元にして、アタッカーの動きに迷いなくスピーディーな攻撃を展開していくことがポイントになります。

STEP 1

コンビネーションを組み立てる

まず始めに自分たちのチームの特長、弱点を分析。ローテーションごとに選手の個性を活かせるコンビネーションを考えましょう。対戦する相手チームのフォーメーションを頭に入れて、様々な場面を想定しておくことが大切です。

STEP 2

セッターの技術を磨く

コンビネーションの軸となるセッターは、相手ブロッカーの手薄なところを確認して上げるのが原則。セッターは、トスをギリギリまで引きつけて送り出すハンドリング、トスアップのタイミングなどブロッカーを欺くための技術を習得していくことがコンビネーションのカギとなります。

STEP 3

バリエーションを増やしていく

ブロックを1枚、もしくは1枚半の状態にして攻撃を仕掛けていくために、助走の方向や位置、フェイク、助走を絡ませるなどして工夫を取り入れていきましょう。強打がきれいに決まらなくても、セッターがトスを上げる選択肢を数多く相手チームに植え付けさせることが大切です。

STEP 4

相手のフォーメーションを動かしていく

アタッカーも強打だけではなく、フェイントやタッチ攻撃を取り入れて相手の穴を見極めてボールを落としていきましょう。コンビネーションの中で緩急をつけていくことで、相手の守備も変化していくので意表をつきやすくなります。

クイック基準でサイドに振るコンビネーション

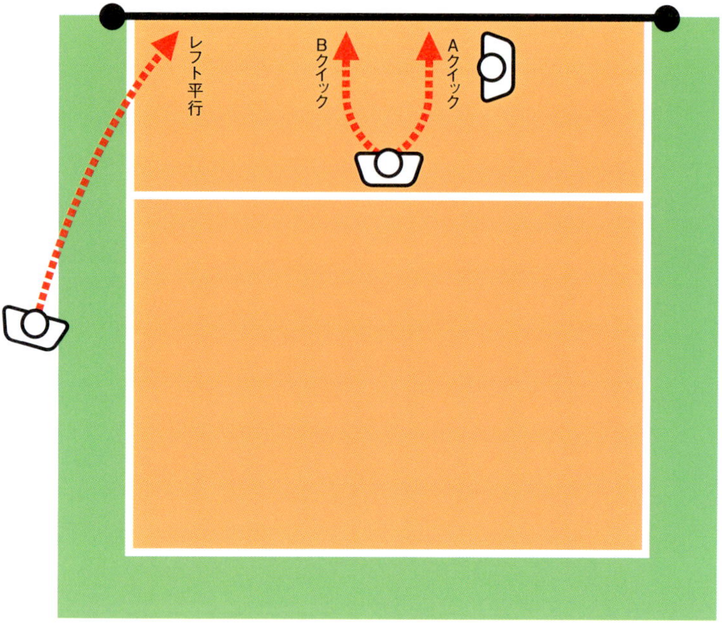
レフト平行
Bクイック
Aクイック

トスが高くなり過ぎると
悟られてしまうので
注意しよう!
YAMATO
10

コンビネーションの基本はクイック攻撃

コンビネーションの軸となるのは、クイック攻撃。ミドルブロッカーの決定率が上がると、相手ブロッカーのマークが厚くなるため、その裏をかいてセッターはサイドアタッカーにトスを送り出します。ミドルブロッカーのクイックが決まるほど、サイドアタッカーは楽に攻撃することができます。

ミドルブロッカーはＡクイックに入り、サイドアタッカーはレフトから平行攻撃に入ります。セッターはジャンプトスで相手ブロッカーを引きつけ、トスが高くなり過ぎないように注意。Ａクイックのトスの高さをキープしてレフトまでトスを伸ばします。

［ Ａクイック＆レフト平行 ］

1

セッターは
ジャンプトスで
ボールを送り出す

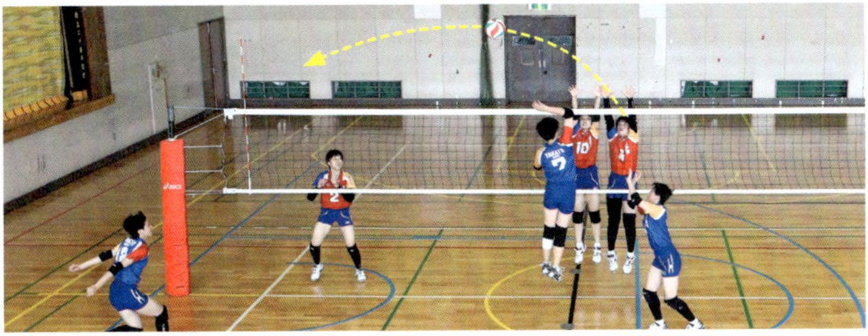

2

Ａクイックを
飛ばしてレフトへ

3

サイドアタッカーは
ボールに飛びつく
ように打つ

4

ブロッカーに
つかれた場合は
よく見てかわす

ミドルブロッカーとサイドアタッカーができるだけ近い位置で助走を開始することで相手ブロッカーの目線を分散させます。ミドルブロッカーはCクイック、サイドアタッカーはレフト方向へ助走し平行攻撃を仕掛けていきます。フェイントも有効。

［ Cクイック＆レフト平行 ］

1

極力、近い位置で助走スタート

2

セッターはジャンプトスで引きつける

3

レフトへ平行トスを送り出す

4

トスが速いのでフェイント攻撃も有効

ミドルブロッカーがＡクイックに入り、サイドアタッカーはセッターの後ろにまわりこみ、ライト側からオープンと平行攻撃の間くらいの高さ（セミ）のトスを打ちにいきます。サイドアタッカーは助走の距離があるので間合いを詰めていきましょう。

［ Aクイック＆ライトセミ ］

1 アタッカー同士が
重なった状態で助走スタート

2 サイドアタッカーは
セッターの後ろをまわる

3 セミのトスに対して、アタッカーは
助走の間合いを詰めてジャンプ

4 ブロックが流れているときは
ブロックアウトも有効

助走をクロスさせたコンビネーション

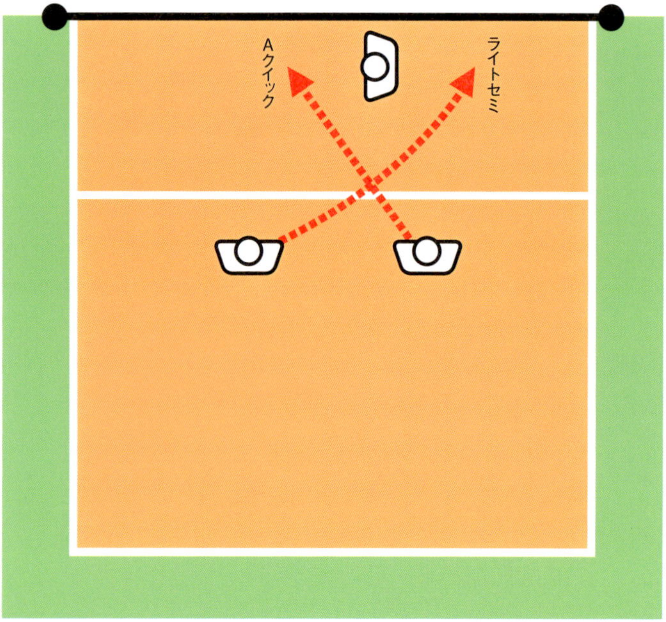
Aクイック
ライトセミ

味方スパイカーを
振ってしまうようなイメージで
ボールをギリギリまで
引きつけよう!
YAMATO
10

助走コースを絡ませて相手ブロックを翻弄

サイドアタッカー、ミドルブロッカーが助走をクロスさせて行うコンビネーション。アタッカーが同じ位置で絡み合うことで、セッターがどちらにトスを上げるかわからない状態を作ります。サイドアタッカーの存在を含めると、相手ブロッカーは的を絞れず、対応が遅れてスペースができやすくなります。

ミドルブロッカーはBクイック、サイドアタッカーはセンターから時間差攻撃を仕掛けていくコンビネーション。 セッターはBクイックの位置に直線的なトスを上げると見せかけて、センターから助走に入ってきたサイドアタッカーに対して低めの直上トスを上げます。

［Bクイック&センター時間差］

1 サイドアタッカーはブロッカーを
サイドに引き寄せておく

2 ミドルブロッカーは
Bクイックに入る

3 サイドスパイカーは
ミドルアタッカーの背後で攻撃準備

4 ブロッカーがBクイックを
マークしている隙をつく

助走の方向を工夫するコンビネーション

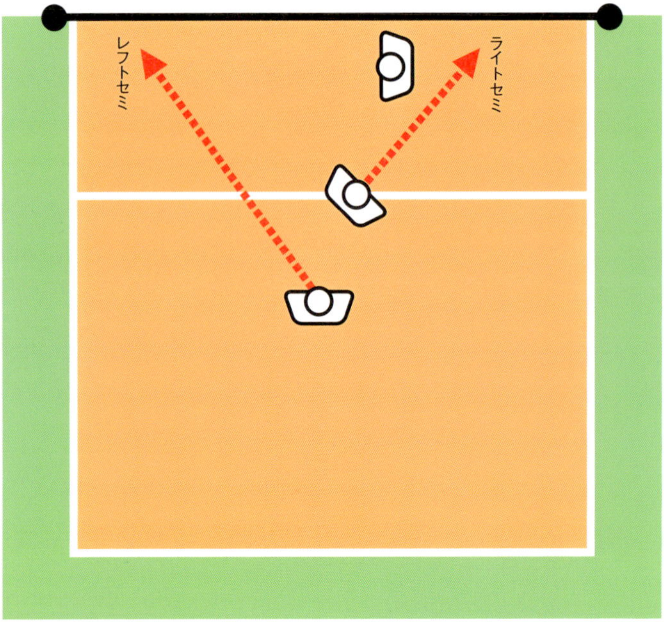
レフトセミ
ライトセミ

助走の幅を広げて、
相手の守備フォーメーション
を動かしていこう!
YAMATO
10

ブロックが流れているところを狙っていく

通常スタートする助走の位置や助走の方向を変えることによって、ブロックをずらすことが目的。コート外から中へ、コート中から外へ攻撃する位置をずらすことで、相手ブロッカーがそれに合わせて移動を行うため、ブロックが流れやすくなります。それによって、アタッカーの攻撃コースの幅が生まれる利点があります。

ミドルブロッカーはＢクイック、サイドアタッカーはライト側からコート中央に向かって助走。セッターがボールを引きつけた状態から、一気に加速して助走しジャンプ。ブロックを中央に寄せて、体の向きと反対方向へフェイントやタッチ攻撃も有効です。

［ライトからコート中へ助走］

1

セッターはボールを引きつける

2

サイドアタッカーは加速して間合いを詰める

3

ボールに飛びつくようにジャンプ

4

体の向きとは反対方向にフェイント

ミドルブロッカーはＢクイック、レフトのサイドアタッカーはコート外側からミドルブロッカーに向かっていくように助走に入ります。セッターはロングのＢクイックトスをイメージしてスパイカーの打てるポイントへトスを持っていきます。

［レフトからコート中へ助走］

1

サイドアタッカーは
コート外から
助走スタート

2

B クイックと
同時に攻撃体勢
に入る

3

セッターは
高い位置で
ボールを送り出す

4

Bクイックの
延長線で打つ
イメージで
スイングする

通常のレフトの助走位置よりも中側にずらして助走を開始する攻撃。相手のサイドブロッカーがアンテナ側で構えていれば、その分、ブロッカーの利き手側のブロックを遅らせることができるので有効。サイド側が空いているのでそこにフェイントを落とすこともできます。

［レフトの助走位置をずらす］

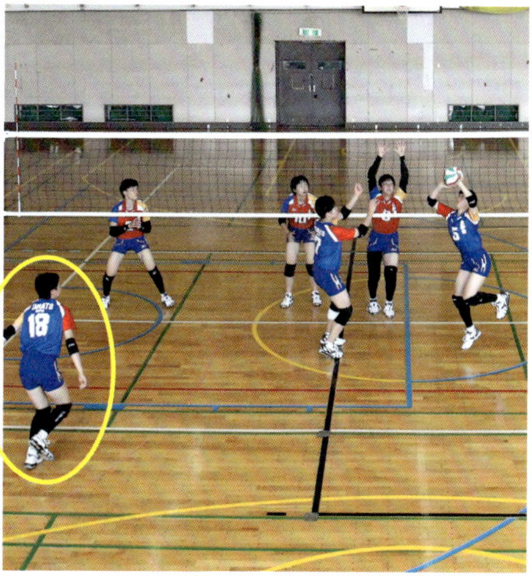

1 サイドアタッカーは通常よりもコートの中側から助走開始

2 サイドアタッカーはまっすぐ助走に入る

3 相手ブロッカーをよく見て落としどころを確認

4 ブロッカーのサイド、ライン側が有効

ブラインドを作って仕掛けるコンビネーション

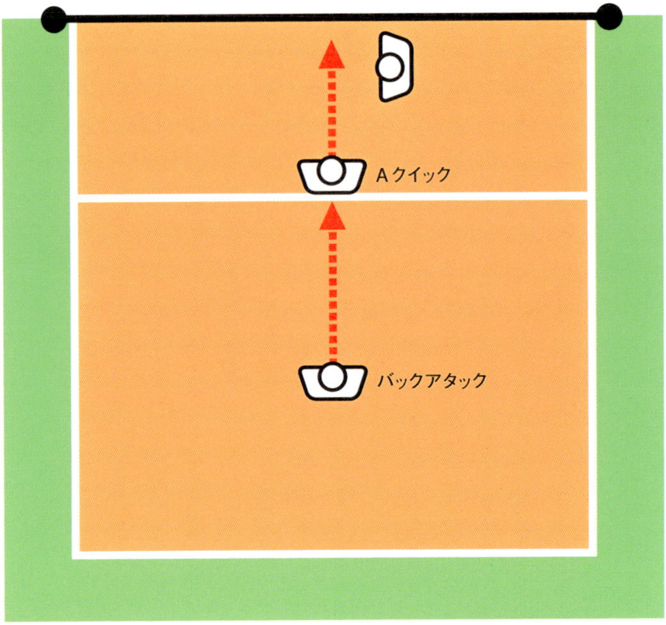
Aクイック
バックアタック

相手ブロッカーが着地するタイミングで攻撃体勢に入るのがベスト!
YAMATO
10

縦の時間差で相手ブロッカーの死角を作る

ミドルブロッカーとサイドアタッカーが縦に重なった状態で助走を行う。ミドルブロッカーにクイックトスを上げると見せかけて、その背後からサイドアタッカーが時間差で攻撃を仕掛けます。ミドルブロッカーがブラインドになっているため、相手ブロッカーはブロックのタイミングが合わせづらく、その分攻撃しやすくなります。

セッターはAクイックに上げると見せかけて、後ろから走り込んでくるアタッカーにトスアップ。このとき、セッターはトスを上げるバックアタックの方向に体を向けない状態で、アタックラインの真上にトスを持ってくることがポイント。

［Aクイック＆バックアタック］

1 Aクイックに入った
ミドルブロッカーの背後で準備

2 ミドルブロッカーと
縦のラインが重なるように助走

3 アタックラインに気を付けながら
バックアタックの体勢

4 ブロッカーが着地したところを
すばやく打つ

助走にフェイクをかけるコンビネーション

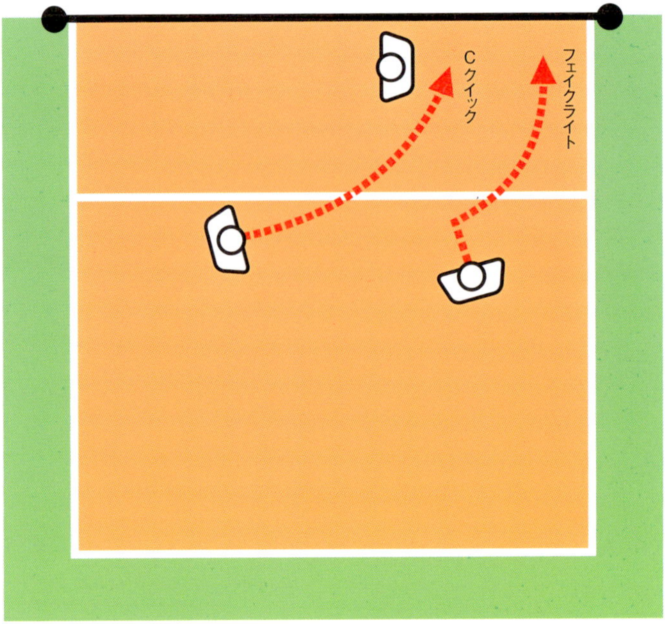
Cクイック
フェイクライト

スパイカー個人でも
ブロッカーを欺けるような
技術を身に付けよう!

助走の前にワンステップ入れてフェイク

ブロック能力のあるブロッカーは、スパイカーの助走の位置、方向を常に確認しています。その動きを逆手にとってフェイクをかけていくコンビネーション。助走するコースの反対側に一度ステップを入れてすばやく助走に入ることで、ブロッカーを欺き、準備を遅らせることができます。

ライトのサイドアタッカーはミドルブロッカーの背後で助走の準備。ライト方向へ行く前に一度レフト方向にステップしフェイクをかけます。相手ブロッカーがレフト側に寄ったところをライト側で時間差攻撃に入ります。

［Cクイック&ライト時間差］

1 レフト方向へステップを入れる

2 セッターとミドルブロッカーの後ろにまわる

3 ボールに飛びつくようにジャンプ

4 相手ブロッカーが着地したところを狙っていく

守備フォーメーションの使い分け

相手の攻撃をコートの
穴に誘い込み、苦しい体勢で
ボールをつないでいくのが
守備のカギ!
YAMATO
10

相手の攻撃パターンに対するパターンを作る

攻撃のほとんどが、チームによってパターン化されているバレーボール。守備を行うときは、相手の攻撃パターンを見極めて瞬時に対応できるかがポイントになります。前衛のブロッカーがコースを限定させ、それに対してレシーバーは穴を埋めていきます。そこできれいなカタチでレシーブして得点につなげられなくても、問題ありません。守備の本来の目的はボールを落とさないこと。相手の攻撃パターンを想定して対応していきましょう。

STEP 1

チームの特長を分析する

チーム内でブロッカーとして機能する選手が何人いるか、レシーブの得意な選手は何人いるか。各選手の得意、不得意を把握しましょう。個々の特長を把握したうえでブロック中心、レシーブ中心、どちらのフォーメーションにするのか、検討していきます。

STEP 2

相手のモーションを見て予測する

いち早く守備のフォーメーションを作るためのコツは、相手のモーションを視野に入れてどんな攻撃を仕掛けてくるのか、選択肢を読み取ることです。アタッカーは何人使ってくるのか、トスの高さ、アタッカーの助走の位置、体の向きで攻撃のコースを予測してポジショニングを行っていきます。

STEP 3

縦と横の守備ラインを確定させる

自分たちのスタイルが確定したら、ブロックとレシーブの連携を強めていきます。その基準となるのは、前衛の選手。前衛の選手は、相手のフォーメーションを見ながらブロックをどこで跳ぶのか、後ろに下がるのか、縦と横の守備のラインを決定します。前衛の守備ラインに対してレシーバーの守備ラインを調整していきます。

STEP 4

苦しい体制からのレシーブとつなぎを想定

相手の攻撃は守備の穴を狙ってくるので、そこにボールがきたらいつでも走れる準備をしておくことが大切です。常に苦しい体制でレシーブに入ることを想定し乱れたボールをトスでつなげられる能力が必要。レシーバー以外の選手はトスアップに入れるようにスタンバイしておきます。

ブロッカー1：レシーバー5のフォーメーション

前衛
後衛

間にきたボールに対しては、
レシーバー同士がクロスするようにして
足を動かしてレシーブしよう!
YAMATO
10

ブロッカーの少ないチームが活用

チーム内に身長の高い選手が1人または2人いてブロックで有効な選手が少ないとき、後衛の人数を増やす守備中心のフォーメーション。コート内にまんべんなく選手を配置するため、鋭い強打が打てないチームはなかなか攻撃を決められず、スパイカーの迷いを誘いやすくなります。

コート中央は空けておく

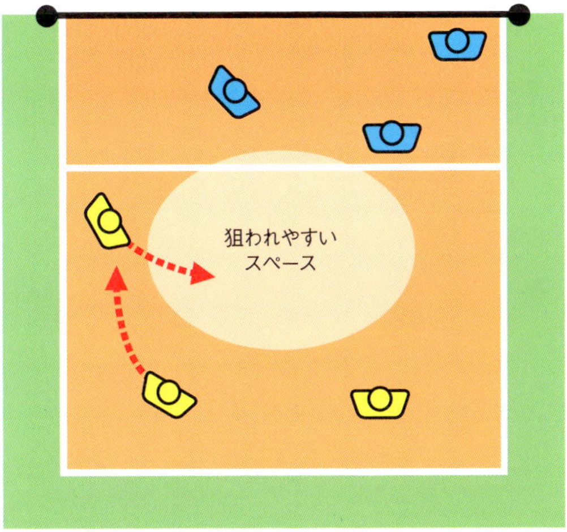

1：2：3

ブロックの真後ろが狙われやすくなります。コート中央はわざと空けておき、フェイントや軟打がきたら中衛と後衛でカバーします。

前衛

後衛

中衛の守備を固める

1：3：2

足の長い強打がこないチームに対しては、中衛の守備を一人増やして固めます。レシーブの人数が多いので間のボールの処理に注意しましょう。

前衛

後衛

ブロッカー2：レシーバー4のフォーメーション

セッター
前衛
後衛

レシーブの上手い選手をコートに置いておきたいときに便利なフォーメーション。
YAMATO
10

セッターとレシーバーの利点を活かせる

ブロックで有効な選手が２人から４人いて、レシーブの得意な選手を起用したいときに使います。前衛は常に２枚で勝負し、それ以外の６人で守備を固めるフォーメーションです。中衛に選手を配置することでレシーブが上がれば、つなぎの体勢にスムーズに入れるのがメリットです。

つなぎがスムーズになる布陣

2：1：3

セッターまたはレシーブの上手い選手をブロッカーの背後に配置する2：1：3は、2：2：2の応用パターン。セッターがネット際の近い位置にいるため、トスが安定するという利点があります。

前衛

後衛

クロスコースをしっかりつぶしておく

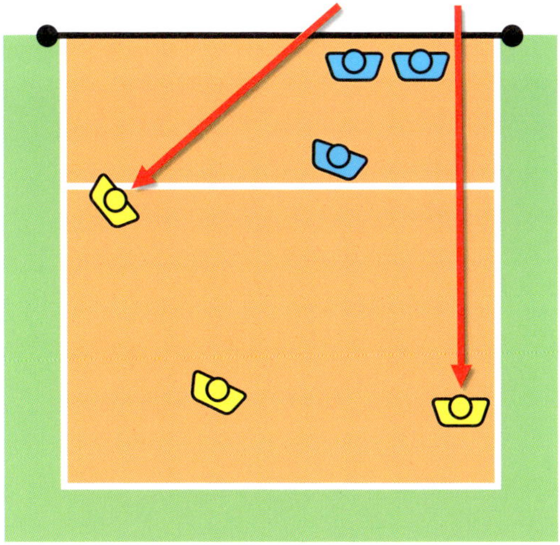

2：1：3

相手チームがサイドから攻撃してきたときのフォーメーション。クロスコースをブロックで抑えて、ブロックの脇を抜けてきたストレートやインナーをレシーバーがマークしておきます。

前衛

後衛

ブロッカー3：レシーバー3のフォーメーション

前衛
後衛

コート四隅やライン際が
狙われやすいので、守備をする際、
選択肢に入れておこう!

ブロックを軸にして勝負する

ネット際において前衛２枚から３枚でブロックを跳びにいくことを軸にしたフォーメーション。チームの平均身長が均等で、ブロックを軸にして守備を行うチームのほとんどが活用しています。

ストレートはレシーブでマーク

3：3

サイド側で跳ぶ選手の身長が低い場合は、ストレートが抜かれやすいので、必ずレシーバーはストレートをマークしておきます。その分、ブロッカーはクロスをしっかり固めて間を空けないように注意しましょう。

前衛
後衛

ライト後衛に求められる能力

3：3

ライト後衛に入る選手がストレートおよびフェイントカバーが可能なら、ブロックはストレートコースをつぶしてクロス中心の守備を行います。ライト後衛にセッターが入れば、スムーズにセットアップに入れます。

ライト後衛の選手はフェイントと
ストレート両方を視野に入れて守備

前衛　後衛

実戦でためになる
コラム8

固定観念を取り払った ツーポジション制の導入

バレーボールは駆け引きのスポーツ。どうしたら相手が嫌がるのかを考え、実行することが戦術の原点です。それはラストボールの返球一つをとっても言えます。何も考えずに相手に返すだけならただのチャンスボールになってしまいますが、人のいない場所をしっかり狙ったり、相手セッターにとらせてコンビネーションを組めないようにしたり、なおかつ、とりにくいように回転をかけて強いボールを返すことができれば、それだけでポイントになる場合もあります。

戦術を作るにあたっては固定観念を壊すことも大切です。例えば、「速攻はミドルブロッカーが打つもの」という固定観念を取り払ってみましょう。サイドアタッカーも速攻を打つことができれば、ダブルクイックやダブルブロードなど、速く複雑なコンビのバリエーションが増え、より相手を惑わせることができます。また、各選手が2つ以上のポジションをこなせるようになれば、さらに戦い方の選択肢が増えます。発想を転換することで、戦術はいくらでも広がるのです。

Lesson 9

Physical Training

フィジカルトレーニング

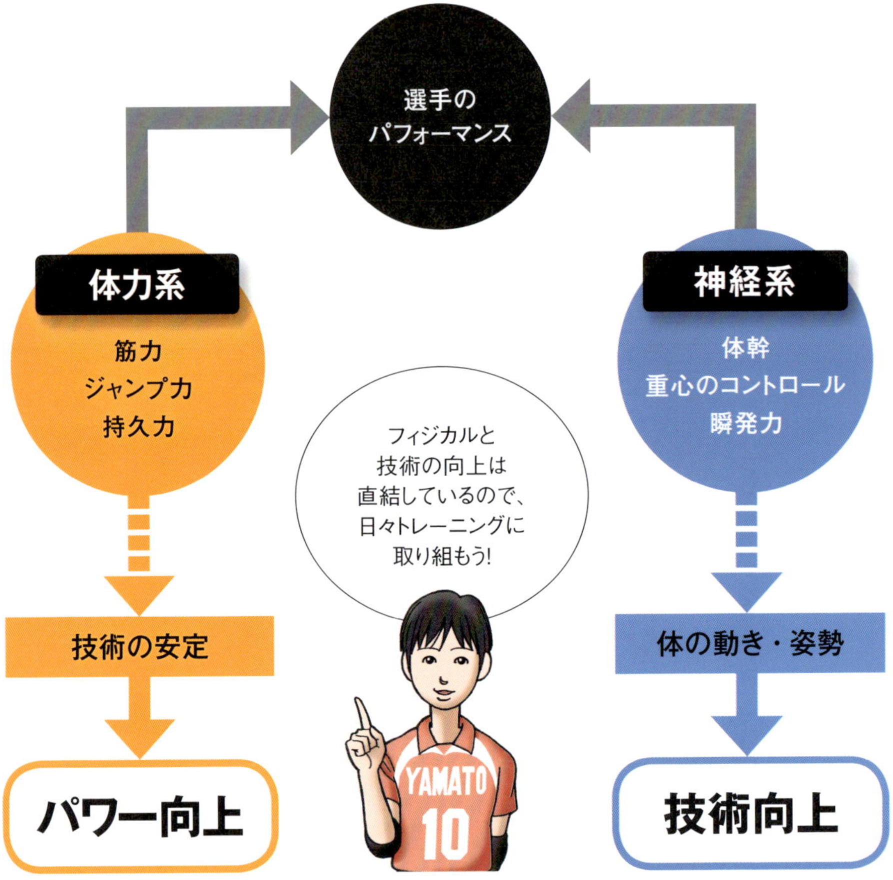

神経系のトレーニングは、技術力に直結する

日々の練習において、基本の技術練習と平行で取り組んでいきたいのが、フィジカルトレーニングです。選手のパフォーマンスは、体幹の軸、重心、柔軟性などの「神経系」の能力と、筋力や持久力などの「体力系」の能力から成り立っています。

中でも基本の技術力向上のカギを握るのが、「神経系」の能力です。体幹のバランス、コントロール能力は、目線をぶらさずに正しい姿勢ですばやく移動するレシーブや安定した姿勢からジャンプするブロックなど、すべてのプレーのベースになります。

実際のプレーをイメージして行うことが大切

体幹のバランス、コントロール力を向上させるためには、体の柔軟性を高めて関節の可動域を広げていくことが重要です。動的ストレッチを行うときは、それぞれのプレーをイメージして行っていきましょう。また瞬発系のトレーニングを行うときも、実戦をイメージして取り組むことで脳からの伝達がいち早く届き、ボールに反応する感覚を養うことができます。

ディグ・レセプション

背筋をまっすぐ伸ばした状態で、股関節の可動域を広げることを意識。視野を広く保ったまま、いかに低い姿勢を維持できるかが、レシーブ向上のカギ。

股関節の可動域を広げるトレーニング

- P.181　股関節の可動域を広げる
- P.182　バランス能力を高める足振り
- P.186　膝のブレとケガを防ぐランジトレーニング
- P.188　瞬発力を磨くダッシュトレーニング

アタック・サーブ

体重の乗った力強いスパイクを打つためには、肩甲骨をしっかり可動させることがポイント。腕の根元、肩周りを360°動かす意識でストレッチを行う。

肩甲骨の可動域を広げるトレーニング

- P.180　肩甲骨の可動域を広げる

ブロック・アタック

空中で体がぶれないジャンプを行うためには、下半身のバランス力が大切。踏み切り、着地時に体がぶれないように意識して、ジャンプ系のトレーニングを行うとよい。

下半身のバランスを安定させるトレーニング

- P.183　重心コントロール能力をつけるツイスト
- P.184　ストップ力とバランス力を養うスクエアバランス
- P.190　足の回転を速くするキックトレーニング

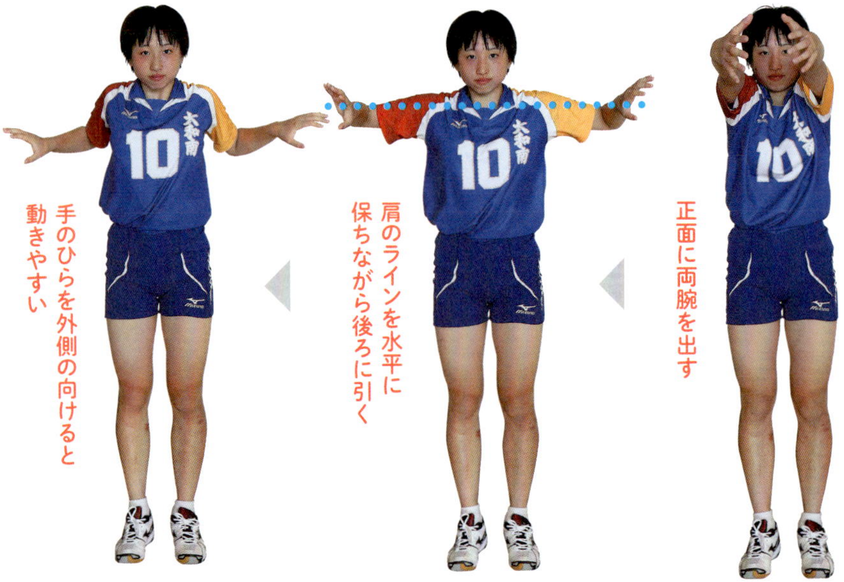

正面に両腕を出す
肩のラインを水平に保ちながら後ろに引く
手のひらを外側の向けると動きやすい

両肘を背骨に寄せるイメージで引きつける

肩甲骨の可動域を広げる

目的

肩甲骨の可動域を広げるためのトレーニング。ダイナミックなスイングから力強いボールが打てたり、正しいブロックの手の出し方につながるなど、バレーボールのあらゆる動きに関わるトレーニングです。

手順

両腕をまっすぐ前に伸ばし、肩甲骨が開いた状態でスタート。そこから肘を水平に保ったまま後ろに引き、肩甲骨を引き寄せます。

意識するポイント

肩が上がったり、肘の位置が下がったりするのは、余計な力が入っている証拠です。肩と肘、腕が水平になるよう注意して行いましょう。

目安

10回×1セット。ウォーミングアップにも適しています。

股関節の可動域を広げる

目的

体の軸や重心をコントロールする能力を高め、股関節の可動域を広げることを目指すトレーニング。股関節が柔らかくなると、重心を低くしてレセプションができるなど、バレーボールの様々なプレーに効果的です。

手順

両腕を前に伸ばして立ち、股関節を意識しながら、片足ずつ回します。内回し、外回し両方行います。

意識するポイント

まずは体の軸をぶらさないこと。体がぐらついた状態で足を大きく回してもあまり効果はありません。まっすぐ立っていられる範囲で股関節を回し、できるようになったら徐々にダイナミックな動きにしていきましょう。

目安

内回し、外回し、各10回×1セット

外回し

片足を正面に上げて、太腿をしっかり上げて後ろに回す

内回し

片足を後ろに引き、太腿をしっかり上げて正面に持ってくる

前後

片足を一度後ろに引き、
その反動で股関節の角度が
90°になるよう正面に出す

左右

片足を一度反対方向に振り、
その反動で股関節の角度が
90°になるように上げる

バランス能力を高める足振り

目的

股関節回しと同じく、バランス能力を高め、股関節の可動域を広げます。加えて、前後に振る動きで太腿の裏を伸ばすことで、ハムストリングなどのケガを予防する障害予防のトレーニングも兼ねています。

手順

両手を腰に当てて立ち、片足を前後に振り上げます。前後が終わったら左右の振り上げも行います。

意識するポイント

片足立ちで体の軸をまっすぐにし、それを保った状態のまま足を振りましょう。体の軸をコントロールできるようになってから、足の振りを大きくしていきます。

目安

前後、左右、各10回×1セット

重心コントロール能力をつけるツイスト

目的

体の軸と重心をコントロールするバランス能力を身に付けるトレーニングです。下半身を回しながらも膝がぐらつかない着地を身に付けることで、スパイクやブロックの正しい着地にもつながります。

手順

上半身は正面のまま、骨盤から下だけを左右にひねって着地します。

意識するポイント

体全体をひねるのではなく、ひねるのは骨盤から下だけで、上半身は動かしません。腹部から上は正面でキープし、ヘソから下だけを回すよう意識します。着地の時に膝が内側や外側にぶれないよう注意しましょう。

目安

10回×1セット

6
大和南

一回ごとにひねった後、
しっかり正面に
向き戻るのがポイント!
YAMATO
10

スライド

ジャンプをせずに床に足をスライドさせるようにしてボールの周囲を四角になぞっていく

ストップ力とバランス力を養うスクエアバランス

目的

動的なバランス力と、ストップする力を養います。 前、横(インステップ)、後ろ、横(アウトステップ)という四角形の動きはすべてバレーボールに必要な要素。 瞬時の方向転換や、次のプレーへのすばやい移行にもつながります。

手順

片足立ちで床に置いたボールを中心に、前、左、後ろ、右と四角形を描いて一周します(左足は逆周り)。 重心移動を入れない場合は、重心を上下させずにスライド移動。 入れる場合(185ページ)はジャンプして移動します。

意識するポイント

着地の時に上半身が前に倒れたり、膝が内側や外側にぶれないよう注意しましょう。 一回一回しっかりストップしてから、無駄なく次の動きに移りましょう。

目安

重心移動あり、なしを各4周。

1
2
3
4
5
6

着地した際に
体がぶれないように
意識することが
大切!
YAMATO
10

重心移動

1回ごとに
膝を曲げた状態からジャンプ。
ボールの周辺を四角になぞった
コーナーに着地していく

フィジカルトレーニング

3

4

3

4

股関節の可動域も
意識しながら、安定した
体勢を維持しよう!

意識するポイント

このトレーニングは、深く膝を曲げればいいというものではありません。膝の位置が内側や外側にずれないことを最優先し、できる範囲の深さで行うことが大事です。

目安

フロント、サイド、
各10回×1セット。

フロント

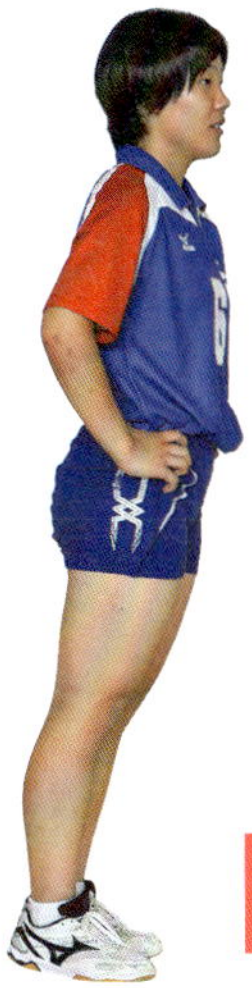

1

2

サイド

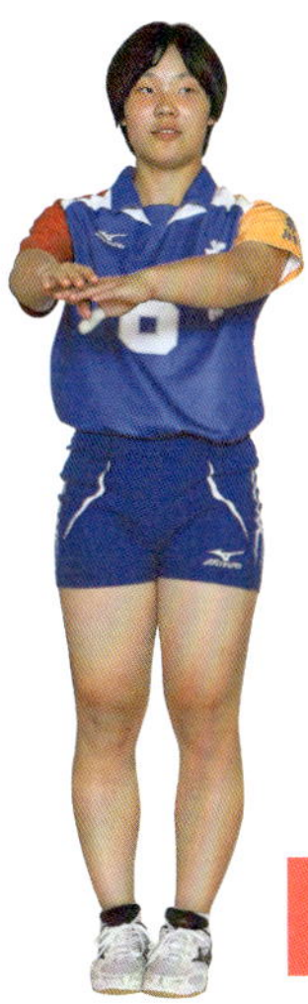

1

2

膝のブレとケガを防ぐランジトレーニング

目的

バランスを鍛える目的と、障害予防を兼ねたトレーニングです。足をついた時に膝がぶれないよう常に意識することで、バレーボールのプレーの中でも膝のケガを予防することにつながります。

手順

フロントの場合は両手を腰に当てて立ち、片足を大きく前に踏み出し、膝を曲げて腰を落とします。サイドの場合は手を前に伸ばし、片足を横に平行にスライドさせ、移動した足の上に重心を落とします。

フィジカルトレーニング

3 スタートのサインが出たら
瞬時にスタート

視覚だけではなく、
数字を声で伝えて
聴覚の反応も磨いてみよう!
YAMATO
10

5 姿勢を崩さないまま駆け抜ける

6 駆け抜けた後は力を抜く

意識するポイント

スタート時に、低い姿勢のまま、余計な動きを入れずに正しく一歩を踏み出すことが、プレーの瞬発力につながります。 スタート時に上半身が上がったり、足が後ろに出てしまわないよう注意しましょう。

目安

２本から４本を１セット交代で行う。

1 2人で向き合って構える

2 違うサインの時は止まったまま

低い姿勢で構えた状態から
いかにすばやく
スタートできるかがポイント。
低い姿勢を保ちながら一気に
駆け抜ける

4 低い姿勢を維持してダッシュ

瞬発力を磨くダッシュトレーニング

目的

反応を速くするためのトレーニングです。また、ダッシュすることで心拍数が上がるので、ウォーミングアップの強度を上げたいときにも効果的です。

手順

2人ペアになり、1人が指で数字のサインを出し、もう1人がサインを見てダッシュします。 あらかじめ番号を決めておき、例えば「3」と決めた場合は「3」のサインが出た時だけ、スタートするなど各自ルールを決めておきます。

足の回転を速くするキックトレーニング

目的

足の回転を速くするためのスピードトレーニングです。体の軸と重心をぶらさずに、すばやく足を回転させる練習を重ねることが、足の速さにつながります。

手順

壁に両手をつき、左足、右足を順にすばやく引き上げます。高い位置に手をつく「ハイポジション」と低い位置に手をつく「ローポジション」の両方を行います。

ハイポジション

1

太腿が壁につくような状態で構える

2

片足をすばやく下ろして床につける

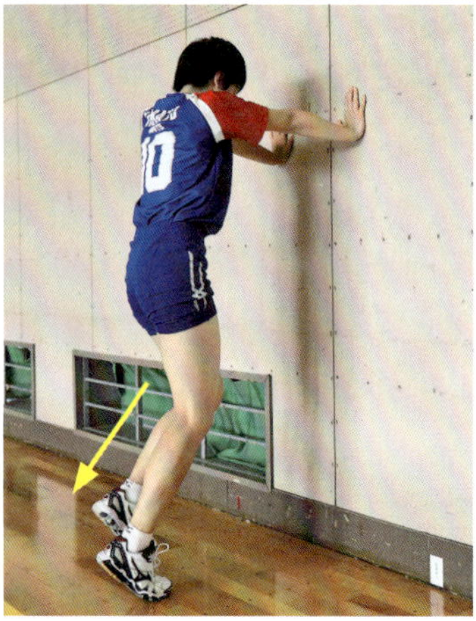

3

片足を床につけた瞬間、もう一方の足を引き上げる

4

太腿が壁につくところまで持っていく

ローポジション

1 壁で体を支える状態で
太腿を上げて構える

2 片足をすばやく下ろして
床につける

3 片足を床につけた瞬間、
もう一方の足を引き上げる

4 太腿を壁につけるイメージで
引き上げる

背筋をしっかり
伸ばしながら、
足を速く動かす意識を
忘れずに!
YAMATO
10

意識するポイント 体の軸がぶれないことが第一です。走るときに効率よく前へ進むためには、頭、肩、骨盤、くるぶしが斜めの状態で一直線になることが重要。このトレーニングでもその姿勢を意識し、背中が反ったり丸まらないように注意しましょう。

目安 ハイポジション、ローポジションそれぞれ、1回、3回、5回を各3セット。

実戦でためになる
コラム❾

正しい体の使い方や姿勢が技術向上につながる

ボール練習だけでは強化できない部分を補うのが毎日のトレーニングです。大和南高校では、スピード強化を重視したトレーニングを行っています。バレーボールは空中バランスが重要ですから、体幹を鍛え、正しい体の使い方や姿勢を身に付けることが瞬発力を磨きスピードアップにつながります。

パワーをつけるためのトレーニングは普段多くは行いません。もちろんパワーはある方がいいのですが、成長段階にパワーをつけるためのトレーニングで余計な筋肉をつけてしまうと、体の柔軟性が失われてしまうと考えるからです。パワーをつけるトレーニングは、大学やVリーグなど、上のカテゴリーで取り組めばいい。成長段階には、体の使い方や技術をしっかりと習得した方が将来につながると思います。

また、「パワーを使って」とか「強く打って」という表現はあまり使いません。かわりに「体の使い方を考えて」「スイングを速く」と表現します。肩甲骨を使ってダイナミックなスイングで打てば、自然と力強いスパイクを打てるようになるのです。

Lesson 10
Coaching
指導

中高生の指導

失敗しながら経験を積んでいく探求心が必要

指導の始まり

私が指導者を志したきっかけは学生時代にありました。私は中学でバレーボールを始めたのですが、中学にも高校にも、バレーの専門的な知識を持った指導者がおらず、教わることができませんでした。

ですから、テレビで放送された日本リーグ（現V・プレミアリーグ）の試合を観て真似をしたり、一般のクラブチームの練習に参加させてもらったりしていました。自宅では米袋の中にボールを入れて天井から吊るし、スパイクを打つ練習をするなど、いろいろ工夫もしました。

ただ、もし指導者に恵まれていれば、もう少し自分の能力も伸びたのではないかという思いがあり、それが私を指導者の道に進ませました。

経験のなさを探求心で埋める

大学卒業後、指導者になってからは、自分なりにチーム指導を研究しながら、他の高校や大学のいろいろな指導者の方に話をうかがってきました。

私が大和南高校に赴任する前にいた学校は、バレーボール部がありませんでしたので、その間4年ほど、卒業生から成る9人制のクラブチームの監督を務めていました。それ以前は、厳しさばかり追い求めてやっていたのですが、そのクラブチームを教えてからは視点が変わりました。高校生というカテゴリーではなく、一般のカテゴリーを指導したおかげで、「怒る」指導ではなく、「乗せる」指導を

勉強することができました。

また、バレーだけでなく、最初に赴任した神奈川県立旭高校は、サッカーや体操などバレー以外の競技が強く、トップレベルの指導者が多かったので、その方々にも指導のノウハウを学びました。参考書や教本も数多く読みました。

生きた経験を積んでいく

そうした勉強や、他の指導者の話を聞くことは絶対に必要だと思います。ただ、やはり自分で経験しなければ実際のところはわからない。本気で指導に携わり、その中で失敗もしながら経験を積むことで、いろいろなことがわかってくるものです。選手もチームも生き物で、一年一年違いますし、一日一日違うものですから。

　選手は勝つことで自信やプライドを持つことができますが、それは指導者も同じです。指導者自身は、「選手を勝たせなきゃいけない」と思っているわけですから、チームの結果が出ることが自信につながります。チームによって目標の高低は違いますが、自分たちに合った目標を設定し、それを一つ一つ選手にクリアさせていくことが、指導者の経験値になっていきます。

　その目標をクリアするためには、トップレベルのチームの指導者の方と話したり、練習を見せてもらったり、様々な情報を集めて考えることが必要です。やはり探究心がなければいけない。強豪校の先生方を見ていると、みんな研究熱心ですし、柔軟性があると感じます。

選手の育て方

常にコミュニケーションをとり、安心感を与えることが大切

できないことをできるように

一部の強豪校は、高いレベルの選手をスカウトして集めることができますが、そうした学校はごく一部です。一般の学校は、個々の能力を伸ばすところから始まります。

しかし、日々練習に取り組んでいても、なかなか上達しない選手もいるでしょう。そんなとき、選手に向かって「なぜ、できないのか?」と問いただしたり、注意することは指導の本質ではないと思っています。

指導者の仕事は、能力の低い選手の力を伸ばしていくことです。高い能力を持っている選手や教えてすぐにできるようになる選手は稀です。指導を行う際は、「できないこと」に対して注意し続けるのではなく、「できるようになる方法」をいろいろな観点から見つけだして、情報を噛み砕いて選手にアドバイスしていきましょう。

実戦でのミスを責めない

指導者が気をつけなければいけないことの一つが、「ミスを頭ごなしに怒ってはいけない」ということです。

例えば、サーブミスに対して、「なんでここでサーブミスするんだよ!」「またミスした!」と指導者が怒鳴っている光景を見かけることがあります。

もちろん大事な場面でのサーブミスはチームにとって痛いのですが、日頃からあまりミスを怒りすぎてしまうと、そのチームのサーブ力は上がらない。選

手がミスを恐れて、サーブが弱くなっていってしまいます。
　ですから、頭ごなしに怒るのではなくて、「今のは伸び過ぎだったぞ」「間が短いぞ」など、何が悪いのか、原因に気づかせてあげることが大切です。
　特に中学生やまだバレーボールを始めてまもない選手は、そこまで自分ではわからないので、順を追ってミスの原因を分析してあげましょう。
「今のプレーはどういう目的で打ったの？」
「今のプレーはストレートに打とうとしたの？」
「さっきのプレーは、フェイントの選択肢はあったの？」
　というふうに助け舟を出しながら答えを引き出します。
　特にバレーを始めたばかりの選手たちに指導者が怒ってばか

りいると、バレーを嫌いになってしまいますから。

　もちろん、怒るべきところでは怒らなければいけません。私の場合、怒るようにしているのは次のようなときです。

「本気でやらなかった時」
「考えないプレー」
「弱気なプレー」

　できないことを怒るのではなく、できることをやらなかった時に怒るのです。そんな時は雷を落とすこともあります。

選手に考えさせることが大事

　順を追って導くという話をしましたが、こと細かに一から十まで言い過ぎてしまうのはよくありません。選手が自分で考えなくなってしまうからです。

　特にセッターは、自分で組み立てを考えることが必要で、それが成長につながります。指導者が、「なんでそこにトスを上げたんだ」というように否定してしまうと、自分で考えなくなってしまい、苦しい場面で指導者の顔を見るようになってしまいます。

　ですから、否定するのではなく、教えなければいけない時は、「そこに上げたのも間違いではないけど、今はこういうケースだったから、このスパイカーを使ってもよかったんじゃない？」と選択肢を持たせるようにしてアドバイスすることが大切です。

選手との距離感

　選手たちと接する上で意識していることは、オンとオフの切り替え。練習中とそれ以外のメ

リハリをはっきりさせることを心がけています。

練習中以外の時間は、特にレギュラーではない選手たちに声をかけるようにしています。練習中は、どうしてもレギュラーの選手に声をかけることが多くなり、それ以外の選手たちと話す機会が少ないですから。

声をかけるといっても他愛のないことで構いません。「元気か?」「膝痛は平気か?」とか、「もっと明るい顔でやればいいんだよ」と、その時感じたことを口に出すだけですが、選手に「ちゃんと見てくれているんだ」という安心感を与えることはできると思います。とくに女子選手は、常にコミュニケーションをとっておくことが大切です。

指導のテクニック

課題を明確にして分析を繰り返し、いいイメージを描く

ボールの出し方の工夫

バレーボールの指導者にとって大事な要素の一つに、ボール出しの技術があります。短い時間の中で選手の力を効率よく上げるためには、指導者がボールを出すリズムやタイミング、場所や緩急の付け方を工夫することが大切です。

ボール出しをする時、私は左手が「セッター」で右手が「スパイカー」だと考えています。左手でボールを上げて右手で打つわけですから。その左手と右手のコンビネーションで、クイックのように速く打ったり、高く上げてオープンスパイクのタイミングで打ったり、時には左手でツーアタックをしたりして、実戦に近いリズムを作ります。

もっと言えば、ボールを逆回転で出してあげると、ボールが少し浮くので、選手が足を使って取りにいきやすくなります。

もちろん打つのが難しい場合は、ボールを手投げして出しても構いませんし、選手に打ち役を任せても構いません。指導者自身が練習の効果と効率を考えて、できることから一つ一つ実行していきましょう。

簡単なことから始める

バレーボールはメンタルに左

右される部分が大きいスポーツです。ですから、選手に苦手意識を持たせないよう注意しなければいけません。いきなり難しい練習から入ってしまうと苦手意識を持ってしまうので、順を追ってレベルを上げていくことが大事です。

　特にレセプションはメンタルが影響しやすいプレーですから、苦手意識を持った時点でかなりマイナスです。簡単なボールを取る練習からスタートして自信をつけながら、徐々に難しいボールにチャレンジさせましょう。

　強いサーブが取れないからといって、強いボールをバンバン打って練習させる指導者がいますが、それは逆効果になりかねません。もちろんスピードに慣れるという意味では強いボールを取る練習も必要ですが、初心者や自信をなくしている選手は、簡単なボールを繰り返し取りながら、正しいフォームと自信を身に付けることが第一。それから実戦的な練習に入り、そこでうまくいかなかったら、フィードバックして、また簡単な練習の中で修正していく。それを繰り返しながらレベルアップさせていきましょう。

練習での課題を明確にする

基礎を身に付けた上で、次に大事になるのは実戦を想定した練習です。試合では様々な場面に遭遇しますから、レセプションが乱れたところからのトスや、コート外に弾かれたボールを追いかけて拾うなど、負荷をかけた状態での練習は日頃から欠かせません。

普段の練習の成果を実戦形式の中で試すために、練習試合は有効です。ただ練習試合は、「勝った」「負けた」という結果だけで指導者が怒ったり喜んだりしてはいけません。練習試合は、1試合1試合、またはセットごとにテーマを設けて、それができたかどうかを考えることが重要になってきます。

例えば、「この試合はクイックを多く使う」、「このセットは、サイドアタッカーはストレートコースに打ってブロックアウトを狙う」、「エースを使わずに他の選手に多くトスを上げる」といった課題を設定して練習試合を行ったほうが、はるかに得るものは多いのです。練習試合を100セットやって100回勝ったとしても、公式戦で2セット落として負けたら終わり。逆に、練習試合で100セット負けても、試合で2セット勝てばいいのです。

練習試合の内容を分析して課題を見つけ、それを普段の練習にフィードバックして課題を克服し、再び実戦で試す。これらを繰り返して、自分のチームのスタイルを作っていく。最初は他のチームの真似でもいいのですが、コピーはあくまでもコピー。他と同じバレーをやっていては勝てない。最終的には自分のチームのオリジナリティを作っていくことが大事です。

試合前の調整法とイメージ

ただ、大会の直前には点数をつけて本番さながらに行う練習は危険です。指導者は負けて終わるのが嫌なので、つい「もう1セット」「もう1セット」と勝つまで続けて選手を追い込んでしまい、選手が疲れきって本番の試合で力を出せない、という最悪のケースに陥りかねません。そういうことを避けるためにも、計画的に練習メニューを組みましょう。大会前日の練習は、いいイメージで終わるように持っていくことが非常に大事です。

　普段もそうですが、特に試合前、試合中は選手たちにポジティブな考えを持たせようと努めています。たとえ自分たちが劣勢でタイムを取ったとしても、「相手も苦しいんだから、もっと楽に行こう」というように、選手たちを少しでも楽にさせられるような言葉をかけます。

　そして、試合前には、「24時間後の今頃は、勝って、みんなで喜んで食事しているな」とか、「勝ってインタビューを受けているイメージをしよう」と言って、できるだけいいイメージを持たせるように心がけています。

おわりに

一つの型にとらわれず 新しい発想を 生み出すきっかけに

バレーボールの可能性は無限大に広がっています。「この場面ではこうしなければ」「このポジションの選手はこうでなければ」といった固定観念を取り除き、発展的なアイデアを生み出すことで、もっと戦いやすく、そしてもっとバレーボールが面白くなっていきます。

　全日本女子チームが次々に新戦術を取り入れて戦っていますが、あれはまさにカタチにとらわれない戦い方ですね。

「バレーボールは昔からこうしてきたスポーツだから、それを踏襲しなければいけない」というわけではありません。大切なも

モデルチーム：神奈川県立大和南高等学校　女子バレーボール部
フィジカルトレーニング監修：高橋亮

のは残しながら、どんどん新しいものを作っていきましょう。
　この本が、選手の皆さんや指導者の方々に、一つの型にとらわれず想像を膨らませてバレーボールを考えてもらうための一助になることを願っています。

監修
井上 和昭
神奈川県立大和南高等学校
女子バレーボール部監督

Kazuaki Inoue

1963年3月18日生まれ。神奈川県出身。中学時代からバレーボールを始め、バレー専門の指導者に恵まれなかったことから、学生時代から指導の道に興味を持ち始める。日本体育大学在学中に初めてコーチ業に携わり、卒業後は神奈川県の公立高校を中心に女子バレーボール部の指導に取り組んできた。2007年、大和南高に着任し、3年間のコーチ業を経て2010年に監督に就任。激戦区の神奈川地区で春の高校バレー代表を一度も譲らず、2013年は国民体育大会で創部初の全国ベスト4へ導いた。常に全国トップレベルを維持し、ユース・ジュニア代表やV・プレミアリーグチームに選手を輩出している。

STAFF

編集　吉田亜衣
執筆　米虫紀子
写真　坂本清
イラスト　丸口洋平
本文デザイン　島内泰弘デザイン室
カバーデザイン　柿沼みさと

パーフェクトレッスンブック
バレーボール
基本《きほん》と戦術《せんじゅつ》

監　修　井上和昭《いのうえかずあき》
発行者　増田義和
発行所　実業之日本社
〒104-8233 東京都中央区京橋3-7-5 京橋スクエア
電話　03-3562-4041（編集部）
03-3535-4441（販売部）
実業之日本社ホームページ　http://www.j-n.co.jp/
印刷所　大日本印刷（株）
製　本　（株）ブックアート

ISBN978-4-408-45523-5

1410(02)